iHuman

成
为
更
好
的
人

法律的隐喻

刘星 著

增订版

广西师范大学出版社
GUANGXI NORMAL UNIVERSITY PRESS
· 桂林 ·

法律的隐喻
FALÜ DE YINYU

图书在版编目（CIP）数据

法律的隐喻 / 刘星著 . —增订本 . —桂林：广西
师范大学出版社，2019.6
　ISBN 978-7-5598-1789-1

　Ⅰ . ①法… Ⅱ . ①刘… Ⅲ . ①法律－文集
Ⅳ . ①D9-53

　中国版本图书馆 CIP 数据核字（2019）第 095554 号

广西师范大学出版社出版发行

（广西桂林市五里店路 9 号　邮政编码：541004 ）
　网址：http://www.bbtpress.com

出版人：张艺兵
全国新华书店经销
湛江南华印务有限公司印刷

（广东省湛江市霞山区绿塘路 61 号　邮政编码：524002）

开本：880 mm × 1 240 mm　1/32
印张：7.25　　　　　字数：150 千字
2019 年 6 月第 1 版　　2019 年 6 月第 1 次印刷
定价：45.00 元

如发现印装质量问题，影响阅读，请与出版社发行部门联系调换。

增订版序

十年前，本书以《有产阶级的法律》为书名出版。当然更早，1999年便用《法律的隐喻》书名。陆续有学者对这本书作了评论。回头看，近二十年，我觉得本书写作的思想和叙事策略依然有益。中国一直处在重要的社会转型时期，我们的观念和话语还有分化之势，或许还要更长时间。同时对法律而言，不仅专业人士而且社会大众也越来越感到必须关注其到底为谁服务，其背后到底想要表达什么。仔细考量，不难发现法律——无论是明说的还是含蓄的，都有深层的意识形态及价值的展望，这或许就是"隐喻"。由此，我们便不应停留在法律的表象，而是需要阅读、潜入、搜寻、挖掘、揭示，将内在不易言明的展现出来。

在这一版本，文章内容稍作订正。另要说明，书名再用《法律的隐喻》，是刘峰先生的建议，他认为如此可更好体现全书的用意和风格，我尊重他的想法。"法律的隐喻"包含了"有产阶级的法律"的意思，当然也更广泛。

本书的写作缘起、基本思路、叙事策略，《前言》中均有详细交代，请读者参阅。

要感谢广西师范大学出版社。能在这个出版社出版，实为荣幸。当然还要感谢刘峰先生引荐。希望本书能为读者带来阅读的意趣和乐趣。

刘　星

2017 年冬于北京

前　言

礼让：我看过不少林肯当律师时的故事。审判到了的时候，他找不到法院，而且不只一次！

史努比：要是这样的话，生活倒变得简单多了。[1]

这本书的所有文章，都是研究性的，力求法律的深入理解。

首先，应当说，法学研究的功能大致有如下几个：其一是实务性，也即思考怎样解决具体的实际问题，展开实用的思路，辨别方法，剥离可能，提出建议，检视结果；其二是理论化，就是在思考具体实际问题的基础上将法律的较为抽象的层面凸显出来，用一般的叙述展开分析，提示想象空间，进行知识分类，推进认识，形成话语传统；其三是批判性，也即实施反思，从正常理解的法律的对立面进入，将内在的深层态度问题揭露出来，也即追问立场，然后暗示"应当"。当然，法学研究的功能可能还有其他……

本书的文章研究，有一点的实务性，多一点的理论化，更多一点的批判性。这就是，从实际问题入手，在人们熟悉的法律实践中提出问题，层层考察，由简入繁，最后着重地提示研究者的"批判

---

1 查尔斯 舒尔茨：《史努比全集》（15），陈文俊、邓霄云译，希望出版社2002年版，第208页。

意识"。

　　自然，现在中国的法治（法制）建设正在迅速发展，人们对法律的期待是热烈的，这也是正确的，唯有此才是清醒。中国面临重要的乃至前所未有的历史转型时期，问题很多，思想分化，的确需要制度上的务实努力，使得中国现代化建设尽可能地统一发展。所以，欲提"批判意识"，似有不妥。很多人都说，什么事件先做起来，然后再多想一层，这对法律建设是重要的，否则拖了后腿，于人于己无益。但是，我们都知道，很多次的中国法治（法制）事件的出现，比如，近些年的"四川二奶继承"案、孙志刚案、刘涌案、李慧娟案、佘祥林案、邱兴华案，包括"一个馒头血案"，还有养路费的征集、《物权法》的审议通过，等等，无一不爆发了激烈的争论，这似乎显得中国的许多事情是"摇摆地"向前发展的，是一部分人"战胜"另外一部分人的结果。这反映了什么？不想想也不行。单纯地说，这是人们对法律调整对象的争论，是对政治经济利益的分配的争论，法律仅仅是个手段，法律本身无可厚非，这样，可能还是将问题简单化了。另一方面，法学的知识分子，作为"知识分子"，需要多想，否则也恰恰没有实现自己的社会分工性的"身份认同"。在这个意义上，将"务实性"往"理论化"上推，然后将"理论化"往"批判性"上推，是有用的，而且是不可逃避的，这意味着需要将法律本身的内在立场问题揭示出来，对其深入讨论。而准确地说，这不会影响法治（法制）建设的向前推进，恰恰是为了其更为健康地推进。

还要说的是，"批判性"，不仅是"批判"，其也是某种意义的"知识推进"，因为，如果对法律多了一层理解，将其中深层内容不断地揭发出来，实际上也是积累认识；如果予以系统的理论编织，这就是"知识化"。这种知识化，自然也有助于实践。我们都知道，很多时候，我们的思想在引导我们，尽管，我们总是在社会实践博弈中进行选择。思想，尤其是激发性的思想，更尤其是来源于反思的思想，具有强烈的支配欲望，即支配实践，支配身边的生活，试图改造自己甚至改造他者。如果思想不是这样，有时就不能恰如其分地解释同一个生活圈子里为什么会有不同的行动策略。因此，来自批判性的知识提炼，可以产生"警醒""同情""关怀"，当然还有"谨慎"，进而有助于实践。这些，对法律建设具有极为重要的意义。

这本书的文章，大体来说是这个意思的展开。

其中几篇文章，讨论法律、法学、法学教育的双面性，以及由此而来的"实践焦虑"。其中有些曲折的讨论、分析，使法律、法学、法学教育显得"复杂"，然后引向一个暂时的结论，暗示一个建议；当然我也结合了一些当下的现实过程和过去的历史事件，以其为平台，最重要的是在其中凸显其本身的结构、路向，以及由此而来的带有批判性的知识问题。另外一些文章，讨论法律与其外在事物的关系——比如，进入审判到底为了什么外在目的——将法律和社会现象的他者联系起来，使其互动，然后，转入较为广泛的多学科性质的讨论，当然，我又结合了一些现实过程和历史事件。

　　每篇文章，相互之间，是有逻辑联系的，一方面是意思的层层深入，另一方面是问题的逐渐打开。在此，我有这样的想法：说明了一个意思，或者解释了一个想法，不意味着就一定解决了问题，因为，其可能恰恰会引出新的问题，而对于知识理解来说，新问题的呈现，又是重要的，在法律领域里这可能是更有启发性的；而如果可以将每篇文章的意思联系起来，看见思考的相互性，问题的相互性，这就有价值了。

　　另要交代的是，如上所述，这本书特别利用了"事例"，而且运用了较为轻松的叙事方法。我想说的是，这未必是"通俗"的企图、表现。这点需要解释。

　　对于法律问题而言，"事例"其实就是"实际"，离开实际讨论法律，是没有多大意义的，至少，意义是非常有限的。"事例"有其本身的结构、逻辑路向，反映了特定的实际事物性质，而且因其"具体"，更有法律分析的价值。毕竟，法律问题的最终解决是"具体"的。而采用较为轻松的叙事方法，也是为了使分析变得具有吸引力进而更为清晰（可以想想，现在有多少法律论文没有吸引力，同时不清晰）；法律问题是需要清晰分析的，不能含糊，不清晰而又含糊的分析也就使分析者失去了法律人的同样是社会分工性的"身份认同"。在现代，这更加明显。同时，最重要的是，"事例"，尤其是带有"故事性"的事例，以及较为轻松的叙事方法，特别是那类试图使问题显得清晰的叙事，是"法律与文学"（Law and Literature）的一种学术实践。在这里，"法律与文学"提出的问题是：经过人们更易感兴趣的"故事性"的事例，以及人们更易接受的轻松叙事方式，文本表达的法律意识如何在社会阅读中夺取了思想领导权？谁都知道，易感兴趣，才更易接受，也就更为容易引发思想召唤的响应，从而同意一种思想拒绝另外一种思想，在法律实践中，自觉或不自觉地站在一个立场，赞同或者反对一个法律意见。这里，进而深入的问题则是：为什么不利用"类文学"的方法展开法律话语领导权的争夺，以及法律的行动，如果我们自认为一个法律思想是正确的？或者，法律是否显然需要与"文学"合作，如果我们承认法律最终关乎立场？

　　再有一个方面，就是"事例"永远是个性丰富的，也即有着无穷的多样性和复杂性，而较为轻松的叙事方法总会带来语言的不断联想，进而带来思路的不断开拓，这就是想象；于是，两者结合起来就使我们变得更为敏感，还有敏锐，从而更为容易"进入"法律的复杂多面，以及法律思路的复杂多面。接下来，我们也就更易意识到：很多法律问题，以及人们的利益欲望，因为种种原因被遮蔽了甚至被消灭了。因此，"文学"的启动具有重要的"法律认识再生产"的功能。今天，很多人已经知道了，看见法律问题的复杂再复杂，对于我们的法治（法制）事业是多么的重要，因为，我们不仅需要知道自己，还要知道别人，更要知道许多未曾想到的更多人，更多阶层，尽可能地知道大家都在想什么，否则，我们就会没有了"关怀"，进而也就失去了"关怀"。也是因此，文学，在这里具有法律问题上的亲和作用。

　　概括来说，需要重新理解法学叙述中的"事例"和"轻松叙事"的文学路线。

　　这本书的文章，基本上刊载了《天涯》《比较法研究》《书城》《法学家茶座》等书刊。原书名为《法律的隐喻》（中山大学出版社，1999 年版）。现删掉原书一些文章，补充了新的文章，目的是让它较为连贯。书名的改变，是为了让其实在点、明确点。

　　最后，说点感谢。文章写作时，曾与一些朋友交谈过，受过他们的启发，写完后也得到了他们的批评，要感谢他们，但是为了避免给人"撑门面"的印象，故而不提尊称大名了；当然，这也是为了让读者知道书中的不足，实际上是作者自己的责任。要感谢《清华法学》的徐雨衡编辑，其提议修订本书并为此书出版做出了努力和辛勤劳动。另要特别感谢北京大学出版社的蒋浩先生，他总是以多种方式鼓励、支持我，力促本书以令人向往的方式出版，这是重要的动力。非常感谢！

　　在题记中，我使用了"史努比伙伴"（the Peanuts Gang）一个对话。我认为，其中包含了与法律相关的丰富的、可想象的内容。我的确认为，在历史时间和现实空间两个方面去不断触摸、把握法律问题，既是必要的，也是可能的。

刘　星

2007 年秋于广州

目　录

"法律审判"背后的谱系 [1]

> 对当事人来说法律是什么？对这一问题的回答无可争
> 辩。……有关的法律是一回事，制定出来的法律则是另外
> 一回事。有关的法律意见……完全见于法院大多数人的意
> 见，而且完全是由这一意见构成的。[2]

本文讨论一个案件的审判，并从中有所发挥。

先说事情经过。

从 1736 年到 1885 年，是大清帝国风光、式微、颓衰的年月。
在那些年里，发生了许多案子，其中，不少还被提交到刑部这个
最高司法机构。此间，有两个人物，一个叫祝庆祺，一个叫鲍书
芸，可能还有其他人。他们对那些案子，尤其是被提交到刑部的案
子，特别感兴趣，于是，编出了有点类似西方人"判例汇编"（law
reports）的案子"集锦"——《刑案汇览》。

《刑案汇览》的来龙去脉、个中缘由，应该交给法律史学家去

1 原载《天涯》2001年第5期，第174—179页。现重新修订。
2 Richard Taylor，"Law and Morality"，*New York University Law Review*，43 (1968)，p. 626.

研究。这里，我们关心其中一个小案的审判记录——婆婆通奸杀人案的察断。

案子，本身大致出在乾隆五十七年。那年，有一婆婆，人称老焦刘氏。身为婆婆，情性本应有所节制，不可再风流起事。但是，老焦刘氏人老心不老，仿佛自己依然是年轻的，居然，时常与人偷情。凡事日久必露。一次，老焦刘氏与一个叫作焦菊弟的男人寻欢作乐，被媳妇小焦刘氏清楚地看见了。稍后，老焦刘氏的夫君焦更生，也是对此蛛丝马迹而疑窦丛生。没过几日，焦更生便追问盘查老焦刘氏。小焦刘氏，则在一边旁观。盘问之时，老焦刘氏担心站立一边的媳妇小焦刘氏说出奸情，于是抢起铁叉左右挥舞，以示恐吓。可小焦刘氏看不过眼，心想，身为婆婆本应"作出表率"，不能放纵自己的情欲，如今，更不应对自己这个"证人"用叉威胁，随即，说出许多义正词严的"道德指责"的字词，痛斥婆婆，并将婆婆的丑事全部讲了出来。这个老焦刘氏，颇为"可恶"，不对自己反省一二，反怪小焦刘氏多管闲事，倚仗"婆道尊严"，抢起一铁叉直向媳妇打去。媳妇奋起自卫，抓住铁叉另一端，又拉又扯。两人交手数个回合。结果，十分不幸，小焦刘氏终究不敌老焦刘氏，被后者结实地戳中了胸膛要害，当即死亡。

案子发了。

婆婆老焦刘氏被官人带到了官府。

案情十分清楚，没有什么疑点。

不过，翻遍大清例律，似乎没有可直接适用的法律词句。有一段法律文字称：凡"非理殴子孙之妇致死"者，处徒刑三年。另有两处看上去相关的法律文字。其一说：婆婆犯奸被媳妇发现而为灭口谋杀媳妇者，处斩监候刑。其二说：婆婆无正当理由故意殴打媳妇致死并事先有谋者，处流刑。

当时，初审案子的官吏是安徽巡抚。巡抚大人发愁，因为，两相对照，硬是不易对法律文字和案子的关系做出判断。最后，巡抚拟了个判决意见，连同案子一起递交刑部请示。判决意见称：老焦刘氏，犯有奸情，所以，不应比照"非理殴打"律处刑，而另外两处法律文字都已提到"故意兼蓄谋"的意思，故而，也不好直用；现准备在"非理殴子孙之妇、致死，满徒"之律上外加一等，杖打一百，流二千里，不准收赎。

刑部安徽司的官人此番下了大功夫，查阅以往法律文字，以期出个权威性的"司法批示"。查来查去，到底找到相关说法。安徽司讲：

例载：尊长故杀卑幼案内，如有与人通奸、因媳碍眼、抑令同陷邪淫不从、商谋致死灭口者，俱照"平人谋杀"之律，分别首从，拟以斩、绞监候。

又，上年八月内，本部议奏浙江省张云隆与邱方玉之母汤氏通奸、商同勒死伊子邱方玉案内声明，嗣后因奸将子女致死灭口者，无论是否起意，如系亲母，拟绞监候。准奏通行，在案。是杀死子女及媳、例应抵命者，系专指因奸碍眼、谋故致死之案而言。若因子媳窥破奸情，两相争闹、邂逅致毙，审无谋故别情，自不便概拟重辟。[1]

接着，刑部安徽司仔细琢磨，觉得安徽巡抚的意见还说得过去，便批下"同意"两字。

有一小问题，应稍加解释。"非理殴子孙之妇"一律，在其他别国法律文字那边屈指可数，甚至可说，那是我们中华法律文字的一道独特风景线。婆媳关系紧张，直至婆婆在儿子面前与媳妇争风吃醋，原本是见惯不怪的事情，中外皆然。但是，在中国这里，婆媳关系似乎显得更为紧张。"非理殴子孙之妇"一律，大体是对此而来的。换言之，尽管国人习惯以为，婆婆对媳妇频频发威理所当然，但是，国人又相信，什么事情不能过分，婆婆对媳妇无论怎样都是不能往死里下手的。所以，那条律，是想管束一下婆婆"权力"的滥用。如果这样看待这条法律文字，老焦刘氏的"动作"，也就不能非常清晰地适用该律文字加以判断了。毕竟，老焦刘氏的当时动机，十分复杂，不单是想发发婆婆之威，起码，她又想隐蔽奸情、威吓媳妇闭嘴，直至动叉殴打媳妇，等等。这后面之类的动机，是靠近了"奸情谋杀"的另一法律文字。

所以，这案子好像也就在上述三处法律文字之间摇摆了，不好断定。

---

[1] 见祝庆祺、鲍书芸、潘文舫、何维楷编：《刑案汇览三编》（一），北京古籍出版社2004年版，第811页。

现在，安徽巡抚判了，刑部也点头了，一个"法律判决"，因而也就出现了。

一

说来，这类看上去并非死死拘泥于法律文字的审判是不少见的。问题是，怎样"解读"这类审判。

刚才，提到这是一个"法律审判"。对此，大概没有多少人会否认。自然，巡抚大人和刑部都有一个审案断狱的权力职责，打其手里出来的任何审判，倘若没有法律的性质，倒是一件奇怪的事情。既然是个"法律审判"，那么，其中必有"法律"。可是，显然又可问问："法律"在何处？老焦刘氏左右挥舞铁叉，目的在于恐吓，最后动了殴打的心思，但事先并无"谋杀"的"蓄意兼故意"，有关谋杀的法律文字，也就不好用了。另一方面，那婆婆也难说是纯粹的"殴打"，因为，案子里面总是掺杂了"奸情"的乱事，有关"殴打"的法律文字，同样，不得不放在一旁。安徽巡抚和刑部以及其他许多人都是这样看的。如此，此案审判中的"法律"，显然就不在我们说到的三条法律文字里面。

不在法律文字里面，难道，在安徽巡抚和刑部的"大笔一挥"里面？

这是一个思路。

20 世纪 30 年代，英语世界那边出现了一场法学运动——现实主义法学运动（Legal Realism Movement）。这场运动，将这个思路发挥得淋漓尽致。运动中的法学家，几乎都在断定，"法律"恰恰在安徽巡抚和刑部那班法律执行者的"大笔一挥"里；要想知道"法律"在哪里，就需看看那些执行者的一举一动。他们，还拿出两个言之凿凿的理由，去说明这点。第一，法律文字难免要由法律执行者来解释；谁解释，谁就可以"说了算"。第二，法律执行者有最后的执行权力，无论立法者怎样排列法律文字，执行者，有实际的权力，决定案子的命运，决定当事人的权利和义务。

头一点是讲，法律文字在"老焦刘氏案"中的意义，要由安徽巡抚，尤其是刑部来决定。他们说了是什么意义，就是什么意义。当然，作为立法象征符号的乾隆皇帝，出来说声"意义如何如何"，可以压过巡抚、刑部的意思。但是，这时的皇上，已是执行者的角色了。后一点是讲，要将老焦刘氏"杖打一百，流二千里，并不得收赎"，最终还得靠安徽巡抚或刑部。如果有人说这些人物和衙门的"法律解释"错了，这绝对没有意义。他（它）们运用自己的"法律解释"和判决，是一定要将老焦刘氏杖打一百，流二千里的。看上去，案子是这么结的。

显然，认定"老焦刘氏案"是"法律审判"，前边的结论，也就顺理成章了。至少，在那类有争议的案子中，法律执行者是起到了决定性的作用。

可问题又在于："法律"怎么可以出现在安徽巡抚和刑部的"大笔一挥"里？在那"一挥"里的"法律"，究竟是普遍的，还是具体的？

　　有人会讲，将"老焦刘氏案"的审判说成"法律审判"，是一种方便的说法。其实，这审判是一类酌情处理，见机行事。在法律运作中，这是不得已而为之的"边角辅料"。一来，不大可能将所有头疼的案子，上交立法者请示。二来，那般请示还会让执行者脸上无甚光彩；因为，执行者简直就是太机械了，而什么事情都有个灵活才对。所以，严格说，"老焦刘氏案的审判"，不是"法律审判"。

　　如果这样讲，自然是道破了天机。然而，人们的法律语言习惯，还是使人不大容易接受这个讲法。怎么法律机构的审判，可以不是"法律审判"？怎么他们可以做出"非法律"的事情？很清楚，不能接受这个讲法。

　　既然不能接受那个讲法，接下去，就得承认，"法律"可以出现在安徽巡抚或刑部的"大笔一挥"里，而且，从中浮出的所谓"法律"，不是普遍的，而是具体的。因为，我们没有看到和"普遍性"的法律文字一样的东西。

　　现实主义法学运动，恰是以类似方式推断的。

二

　　在"老焦刘氏案"的审判这个标本里，现实主义法学运动的推断，很难推翻。不过，我们还是可以发现许多没有争议的案子。而有人会提到这些案子，发难现实主义法学的思路。

假设一下，在"老焦刘氏案"里，那婆婆道德操守极好，没有奸情，只是"婆道尊严"的感觉膨胀了一些，时时动手虐待媳妇小焦刘氏，最后，性子上来，动了铁叉，将其戳死。或者，婆婆实在是个淫妇，时不时地招惹野男人入屋，一次竟被小焦刘氏撞个正着，事情败露，而后婆婆和野男人商定杀人灭口，并且动下手去。在这两种情况下，前面提到的三条法律文字，似乎都是可以直接派上用场的。因为，大家可能不会有什么争议。

在这类没有争议的案子中，能说"法律"存在于巡抚或刑部的"大笔一挥"里？能说法律就是"具体"的，而不是"普遍"的？

这似乎不行。因为，安徽巡抚或刑部，显然可以将案子直接"塞进"三条法律文字里。这时的审判式"大笔一挥"，是"依法断案"。法律文字是大前提，老焦刘氏的所作所为是小前提，"大笔一挥"是结论了。如此，"法律"是在三条法律文字里面，而不是在法律执行者的判决里面。也因此，法律是"普遍"的，而不是"具体"的。现实主义法学运动的断言，在此是说不通的。

但是，现在需要注意一个问题。在此处的叙述中，我们使用了"没有争议"四个字。对"没有争议"的案子，过去，人们习惯称之为"简易案件"（simple case）。可"没有争议"，毕竟和"简易"有些重要的区别。"简易"似乎在暗指案子"本身"如何。这是说，这语汇在说明案子自己相对法律文字有个"客观存在"的简单。至于"没有争议"，似乎在说，观看或阅读案子的人，因为没有不同的意见，所以，没有争议。这等"没有争议"，表现了人头脑里的"主观"的"简单"，和案子本身没什么关系。

这个重要的区别，十分要害。我们应该注意。因为，它可能会指示另一进路，表明"法律"到底是在哪里，表明那决定人们身家性命的东西到底是"普遍"的，还是"具体"的，从而又让现实主义法学运动的思路，"柳暗花明"。

再假设一下，在"老焦刘氏案"里，案情就是我们开始描述的那样"摇摆不定"，可是安徽巡抚、刑部，以及其他什么人士，实际上并没有表达不同的意见。他们都断定，老焦刘氏要么是"殴打"，要么是"奸情败露谋杀"。案情在法律上是非常清楚的。这样，我们说它是"没有争议"的案子，更为准确。因为，此处不是案子"简易"，而是"观看"案子的巡抚、刑部，以及其他什么人士没有异议。

或者反过来，案子不是这样，而是像再前面假设的，老焦刘氏没有"奸情蓄谋"，而是纯粹地虐待殴打媳妇，要么有奸情而且有"杀人蓄谋"，但是，安徽巡抚、刑部和其他人物以及衙门之类的，或者在头一种情形里争得非常激烈，或者在后一种情形里各执己见，反正，依然没有让案子变得看上去"简易"。这时，案子的"复杂"，便是因为人们的"主观"争议了。

当然，有人会说，实际情形不可能像这里又假设的那样，完全成了"主观"的问题。巡抚、刑部之类的人物或衙门，不可能该争议的时候不争议，不该争议的时候反而争议。在人们日常生活中，总有些东西"本身"是不可争议的，有些才可争议。

不过，我们应该小心，有两个证据似乎可以显示，争议不争议，实在可以划归"主观"一类。

先说第一个证据。

同一件事情，放在不同的地方，便有可能产生不同的意见反响。比如，婚前性行为，放在我们中国20世纪初的农村，那可是伤风败俗的天大事情，即便在那个时期的中国城市，也是不可忍受。但在一些西方人那里，就没什么大不了的。一些西方人觉得，这种事虽讲不是"善"事，可也不属"恶"事。这样，在中国这里，"大家"（都是中国人）不会有"争议"，在那些西方人那里，"大家"（都是西方人）也没争议。这里的要害意思，换句话讲，就是，不圈定地方的话，在地球上说同样一件事情，实在可能得出不同的意见。因为地球太大了，呈现不同意见，易如反掌。然而，如果圈定一个地方，比如圈在中国或者西方某个区域，那么，同样一件事情可能就是没人争议的。

这暗示，当我们就一个案子来讨论时，似乎时常不自觉地圈定了一个地方，比如中国，而在这个地方没有出现人的争议，我们便会不自觉地认为案子本身是"不可争议"的。可是，毕竟在其他较远的地方，不同的意见照样可能出现，就像站在"婚前性行为"这一事件面前。

再说后一个证据。

同一件事情，放在不同的时间段，依然可能产生不同的意见反响。还用那个"婚前性行为"来讲。在 20 世纪初的中国人这里，不论是农村还是城市，大家都会没什么争议，对其注定大加谴责。而在 20 世纪的 80 年代，人们就有争议了，有人依然说"那叫伤风败俗"；有人说"没什么大惊小怪"；有人则说"这是自由权利"。我们完全可以想象，说不定在 21 世纪的什么年月，中国人就会像西方人那样，对其又没争议了，尽管这时的"没有争议"完全是"没所谓"的意思。而且，即便是在西方人那边，曾几何时，"婚前性行为"也是"可争议"的，甚至对其还有否定性的"没有争议"，否则，"贞操带"的象征物品为何存在，就难解释了。

这后一证据暗示，当人们在一个时间段内说案时，极为容易不自觉地将时间段向"过去"和"将来"两个向度扩展开来，而且，在这个时间段内没争议时，人们就会不自觉地想象在过去和将来都是没争议的，案子本身，定是"不可争议"的。但时过境迁，不同的情形就会出现，案子从没有争议变得有争议，又从有争议变得没有争议……循环往复，以至无穷。

再看"老焦刘氏案"。

我们设想了，不论案情如何，巡抚大人和刑部衙门都有可能有争议，或者没争议，至少从理论上说是如此，虽然《刑案汇览》的记录是"有争议"。既然这样，显然有理由认为，不是"老焦刘氏案"本身是否可争议，而是因为，如果巡抚或刑部或其他什么人物衙门争起来，它就是可争议的；如果没争起来，它就是不可争议的。如此，进一步结论出现的可能性也是难以躲开的：在审判中不论有无争议，"法律"，是在巡抚或刑部那类法律执行人物或衙门的"大笔一挥"里，因为，他们掌握了"可争议或不可不争议"的权力，而法律文字和案子之间的"可否争议"的关系，被控制在他们的股掌之中。假如"老焦刘氏案"真是不像《刑案汇览》所记录的"摇摆不定"，而是单纯的要么"殴打"，要么"有奸情兼谋杀"，那么即使巡抚和刑部"没有争议地"将案子塞进三条法律文字之中的任何一条，这也并不表明"法律"就在三条法律文字里。

　　断案之中的"法律"，究竟在哪里？是"普遍"的，还是"具体"的？

　　答案恐怕会接向法学现实主义运动的思路。

三

　　将思考推进。

　　断案中的"法律"，极可能在巡抚大人和刑部的"大笔一挥"里，又极可能是"具体"的，这有什么理论后果？

　　我们先引入一对家喻户晓的概念："法治"与"人治"。"法治"，经典解释说它是法律的统治。法律是什么？人们乐意以为它就是前面说过的那类"一般性"的"法律文字"。人们把法律文字写出来，对其顶礼膜拜，而且人人凡事唯其是举，"法治"便实现了。撇开大清那个时期的"皇权"问题来说，巡抚大人或刑部，照着法律文字裁断老焦刘氏，正是"法治"的一种表现了。如果乾隆皇帝也是这般，那更不用说了。人们总是这样认为。

"人治"，通常解释说是人的统治。在"老焦刘氏案"里，假如根本没有什么法律文字，而是巡抚大人依着自己主意断案，或者，刑部将自己的意思压在巡抚大人的头上，再或者，乾隆皇帝自己非要一锤定音，那么，这便是人们常说的"人治"的表现了。或者，有法律文字摆在一旁，可没人对其有个"敬"字，那也是"人治"的表现。"人治"与"法治"的区别，在于后者有个外在的文字东西放在那里；而在前者，除了随意随机的意志之外，没有旁边的东西管束着。一般的说法，正是如此。

此外，对照"普遍"和"具体"来说"法治"与"人治"，可讲，"法治"表现了用"普遍"统治"具体"，比如，用一般性的法律文字统摄具体的案子或者事件。而"人治"则表现了用"具体"统治"具体"，比如，用"具体问题具体分析"得出的答案，来统摄具体的案子或者事件。

如果"法治"与"人治"的意思是这般，上面说的"老焦刘氏案"审判——其中不论是有争议还是没争议——到底是"法治"的活动，还是"人治"的活动？

经过前面一节的分析剥离，我们似乎只能认为：那是"人治"的活动。因为，至少在理论上，"法律"总是在巡抚大人或刑部之类的人物或衙门的"大笔一挥"里，它是具体的。到了这步，一方面，我们不得不说它是"法律审判"，另一方面，又不得不说它暗藏了"人治"的谱系。由此，在审判中，"法"是表而"人"是里了。现实主义法学家说过，"那种根据规则审判的理论，看来在整整一个世纪内，不仅愚弄了学究，而且愚弄了法官"[1]；那些白纸黑字的制定法，或者判例，"仅仅是法官就具体案件作出法律判决的许多渊源中的一些渊源"，而不是人们认为的法律规则[2]。

　　这里，笔者并不打算吹捧现实主义法学运动的理路。那个运动中的成员，特别抓住了"老焦刘氏案"里的"争议因素"，对"没有争议因素"，只字不提。这是以偏概全。所以难怪有人讲：他们是"对个别判决的狂热崇拜"[3]。不过，我们应该注意此运动的思路指向。它提醒，在有争议的案子里，难说法律文字"一统到底"。从这出发，我们就该思考在没有争议的案子里，是否依然难说法律文字"贯穿始终"，而前边，我们这样思考了，现实主义运动的参加者则是"太懒了"，没有继续思考下去。接下来，我们还要更进一步想想：如果在审判中，"法律"是在巡抚大人或刑部那班人物或衙门的手里，那么，这背后还有什么更为值得警惕的文化？

1　Karl Llewellyn,"The Constituton as an Institution",*Columbia Law Review*, 34 (1934), p. 7.

2　Jerome Frank, *Law and Modern Mind,* Garden City: Doubleday & Co., 1963, p. 127.

3　Roscoe Pound, "How Far Are We Attaining a New Measure of Values in Twentiety-Century Juristic Thought", *West Virginia Law Review*, 42 (1936), p. 89.

四

民国时期，学者费孝通说过一段话，十分警醒，现摘录如下：

> 如果人治是法治的对面，意思应当是"不依法律的统治"了。统治如果是指社会秩序的维持，我们很难想象一个社会的秩序可以不必依靠什么力量就可以维持，人和人的关系可以不根据什么规定而自行配合的。如果不根据法律，根据什么呢？望文生义地说来，人治好像是指有权力的人任凭一己的好恶来规定社会上人和人的关系的意思。我很怀疑这种"人治"是可能发生的。如果共同生活的人们，相互的行为、权利和义务，没有一定规范可守，依着统治者好恶来决定。而好恶也无法预测的话，社会必然混乱，人们会不知道怎样行动，那是不可能的，因之也说不上"治"了。
>
> 所谓人治和法治之别，不在人和法这两个字上，而是在维持秩序时所用的力量……[1]

费先生讲这段话，是想说明乡土中国虽然不是法治，可也不是人治，而且，在人的背后，总有一种力量默默地起着操纵作用。我们自然关心后边的意思。换言之，顺后边意思的理路，如果再回到婆婆通奸案子的审判上，可以深一步地认为，尽管巡抚大人和刑部

---

[1] 费孝通：《乡土中国》，生活·读书·新知三联书店1985年版，第48—49页。

官人在法律上能够体现出个"具体处理性质"的"人治"，但是，那后面，依然有个力量在指使、控制、支撑。这个力量，可以提供一套可预测的东西，叫人们知道可以做什么，叫社会有个"治"。

现实主义法学家的思路比较窄。因为，他们觉得，法律语境里的"人治"是纯粹的人的因素使然。这人想做什么，便可照直去做；主观意志是决定性的东西。然而，我们可以发现，人总是生活在社会中的，打小生来长来，就要在一个文化染缸里浸泡、滋润，吸取话语质素。如此，体现出的"人治"里面便不主要是个人的意志，而主要是个人的"文化履历表"。在这些"履历表"中，就可清晰地分辨在人背后起操纵作用的社会文化"力量"的谱系。而不看到这些，所谓的"人治"，本身又是说不清的。

社会文化"力量"，是个大概念。其中可说无所不包。

不过，在老焦刘氏的案子里，巡抚大人或刑部，喜好运用"推理"审视问题。他们总在考虑案情和法律文字的关系，甚至在潜意识中，搜寻案情和道德情理的联系，试图建立某个逻辑桥梁。这样一种推理的偏好，是类意识形态话语的表层符号。换个讲法，那推理表现了意识形态话语的操纵。意识形态话语，锻造了巡抚大人和刑部官人的观念、知识、论理方式和价值趋向。所以，在法律语境中，尤其在案子审判实践中，意识形态话语的要素，最为重要。其他社会文化"力量"的要素，莫不通过它来彰显神通。

当然，讨论至此，有人可能会提出这样一个诘难：巡抚大人和刑部官人，以及其他这大人那官人，其背后的意识形态话语大体一致，鉴于此种背景的熏陶，他们应该不会"争论"老焦刘氏的法律命运，因为，意识形态话语的一致，自然导出法律判断的一致，故而，他们的法律结论应是一致的。可是，另外的这大人或那官人还是争论了，其中有人非说老焦刘氏属通奸后蓄谋杀人，或说老焦刘氏"非理故杀"。如果不是这样，刑部安徽司就不会那么绕弯子说明解释大清律例了。这，不正表明还是有些"人的自主意志"在起作用？而且，即便巡抚大人和刑部官人当时没争论婆婆通奸杀人的问题，他们此前此后，都有可能对别的案子争论一二，或者，具有不同的意见，这也不表明有时人是很"自主"的？

在此，应注意，意识形态话语的操纵是指示一个方向，而不是指示一个具体结论。它会左右巡抚大人、刑部官人以及其他大人、官人的推论方向，倒不会注定显示一个具体的"老焦刘氏生杀"的说法，放在那里。这是讲，大人官人们会在一个"知识圈子"里兜来兜去，他们也许"四书五经""大清律例"读得多了，故而在这类话语背景中，或者同一腔调说话，或者就其争个精义要义是什么，但是，不会也不大可能跳出其外，捧住诸如民间神话、小道俗理另一种类的话语，来说三说四。如此，就算有个"自主意志"，它也是"知识圈子"之内的小打小闹、"你争我夺"。

意识形态话语，是"批判理论"的一个关键词。它直指了巡抚大人和刑部一班官人背后的"精神力量"，揭露在法律实践的深处，并无客观中立的"法律知识"，并无所谓"依法判决"（即法律文字有自己的固定含义，法律执行者依此断案）的踪迹。此外，如果引入法律社会学的一个概念——"活的法律"（lebendes Recht，埃利希［Eugen Ehrlich］用语），那么这一"精神力量"的外在形式便是"行动中的活法"。"活法"与"话语"互为表里。"活法"是自然形成的，可终究是"话语"牵引、提升、推动的结果。这样，所谓的"人治"，不论是常说的，还是"法律中的"，实在都是"活法"的"治"，而最终是意识形态话语的"治"。

于是，讨论巡抚大人和刑部官人的审判活动，自是剥离其中的"活法"，看看法律审判中的行动谱系，最后也是最为重要的，揭示"话语权力"是如何通过"法律面纱"，游离于"老焦刘氏生杀"的判词之中的。

读《听来的故事》

——掀开现代性法律的另一面 [1]

> ……真正的政治任务是抨击那些表面上看来中立或独立的机构的作用，把在其中暗中作祟的政治暴力揭示出来，以便大家共同与之斗争。[2]

喜欢读文学作品。虽说是外行，但不免有点附庸风雅的趋向。说到文学作品，常听人讲，其触觉敏感，时时于不经意之际切入了社会的某部分要害。原以为，这是"往大了说"，可一日读《听来的故事》，发觉震撼，便深信有时是这么回事。

自己平日研习法律，脑子"前结构"布满了法学话语。所以，读《听来的故事》，自然会不自觉地朝"法理意识形态"的荆棘场域进发。

1 原题：《读"听来的故事"》，《广州文艺》1999年第6期，第57—58页。现略修订。
2 福柯：《论人性：公正与权力的对立》，丛莉译，杜小真选编：《福柯集》，上海远东出版社1998年版，第238页。

一

《听来的故事》，是作家贾平凹的作品，几百来字，登在1999年3月17日的一家报纸上。[1]

"故事"前半部分讲了三个故事，属于听来的《听来的故事》。因为，作品里的第一人称"我"，从别人那里听来了《听来的故事》。

头一个故事，有点神话传说的味道。它讲，非常久远的时候，有位英雄十分了得，而且喜好为民除害。他来到一个村庄，问村民有什么麻烦。村民说，山上有虎，这虎祸害无穷。英雄二话不说，立即上山将虎除掉，并将虎皮剥下回到村子，继续问还有什么麻烦。村民乐得头昏眼花，大声说，海里有条龙，赶快把它消灭了。英雄歇息片刻就跳进海里，和龙大战七天七夜，接着，龙头便被英雄提回到村子。村民笑了，摆下酒席，给英雄灌下一壶酒。可英雄念念不忘自己的"职责"，又问有什么别的麻烦。村民说，现在只有一个麻烦了，消除掉，天下必然太平。英雄问：谁？村民说：你。英雄大为不解，问村民为什么这般想。村民讲，很简单，因为你是英雄！英雄低头不语，慢慢离席走开，但没走两步就倒在地上了。酒里有毒。

---

1 《南方都市报》，1999年3月17日，第23版。现部分载贾平凹：《听来的故事》，人民文学出版社2002年版，第97—98页；贾平凹：《长舌男——贾平凹幽默作品选》，作家出版社2002年版，第1—2页。

第二个故事离我们近点，讲抗战时的事情。一人渡河时溺水，另一人把他救起。事后，溺水者认了后者为干爹。没过多久，溺水者经过一山道，发现一人被狼追咬，便奋勇向前，赶走了狼。被追咬者认溺水者为干爹。几年间，这对干爹干儿子日子过得算是乐融融。可后来，一个日子，日本鬼子和游击队作战时将三人抓住，并要其中一人去蹚雷开路。日本人指溺水者，叫他说谁去蹚雷。溺水者的手指最后指向了自己的干爹。

第三个故事几乎就是眼前的事。有个人叫来子。他经常打扫厕所。年终，单位里的人们就把"先进分子"的牌子挂在了他名下。这样一来，来子天天都往厕所方向走去，以至厕所稍有不净，人们就喊起"来子，来子！来子呢？"一次，厕所的下水道堵塞，大家认定，这该是来子的工作，于是，来子就下去了。结果，来子永远没上来，沼气把他熏死了。

这三个故事的路数差不多，无非都在讲人的"缺德相"，本身没什么奇特。在社会上穿来穿去，这些见惯不怪。

问题是，第一人称"我"，从哪里听来的这三个故事。

二

《听来的故事》说，是从一个颇为斯文的人那里听来的。这个斯文的人，当过刑警队长。而刑警队长，又是从一个罪犯那里听来的。

有意思。

现在，我们可以主观先行地想到，在法律语境中，刑警队长是个"执法"的符号。如果《听来的故事》中的人物具有象征意义，那么，刑警队长不妨解读为"法律"代码。毕竟，罪犯的"罪"字，通常是相对"法律"而言的。没有法律，大致也就没有犯罪这回事。更为重要的是，《听来的故事》的确还交代，罪犯是被刑警队长毙掉的："那个罪犯后来判为死刑，被他亲自执行枪决。"[1]这暗喻：法律战胜了犯罪。

接下来，我们可能会关心，为什么罪犯对刑警队长讲出了那些"尖刻"的故事？

《听来的故事》没说。

猜来，大概有几解。第一，罪犯时常混迹于社会黑暗角落，偏狭的心态，促使其仅关心人的"缺德相"。而罪犯知道多了，在临死之前就会展现一下自己的"愤世嫉俗"，叫刑警队长警醒警醒。联系到第一个故事，兴许，罪犯还有这个念头：刑警队长像英雄一样除害，最后自己可能也没什么好下场，因为，村民一类的百姓，不仅警惕祸害，而且警惕扫除祸害的"祸害"。这世道从来都是惰性的。往深了说，百姓想要象征意义的法律惩罚，可最后还会担心这个惩罚带来别的"惩罚"。

这一解，讲得过去。

---

1 贾平凹：《听来的故事》，第23版。

第二，罪犯也许不过是个一般的罪犯，犯了杀人的事，才被关进死牢。牢中有狱友，狱友之间除了相互欺辱，偶尔，也会谈论彼此的经验和故事，象征性地进行你我安慰。讲故事的罪犯，可能正是从别的罪犯那里听来了三个故事。我们知道，这死刑执行前，有个不成文的规矩：一要让罪犯吃饱喝足，二要问问罪犯有什么最后的言语。这也算是最后的仁慈吧。于是，罪犯要被刑警队长毙掉时，觉得没什么可说，便将牢中听来的最令他"茅塞顿开"的三个故事递给了刑警队长。此解引申的话，可讲，人们终将既会明白做坏人的可怜下场，又会明白做好人的可悲下场。三个故事里讲的，都是好人的可悲下场。

这一解，当然也行。

第三，可能罪犯是个既明白又清白的人。他关心社会，时时展露"国家有难、匹夫有责"的风范，看到不顺眼的事，就要唠叨一下，唠叨之际却忘掉了"言多必失"。一次说话，大水冲了龙王庙，接着便被打入死牢。末了临刑，世态炎凉仍然揪着他的心。这样，还是"老毛病"驱着让他讲出了象征国家有难的三个故事，即使，面对的是"法律代码"的执法刑警队长。此解侧面的隐喻，可说是，关心社会的结果是善有恶报，但是，人还是需要"痴心不改"。

这一解，同样是可以的。

……

自然，还可以想出其他解。不过已经足够了。

无论提出何解，《听来的故事》的一个进路是清楚的，罪犯讲出的是警世大实话，至少，罪犯清醒地明晓三个故事的意思，并且要传播它。不管出于何故，罪犯总是把它捅出来了，不像某些人，一边做着坑害"英雄""救命恩人""来子"的事，一边站在一旁看热闹，或者一声不吭。当然，令人遗憾的是，无论如何，法律代码时常不会震慑后面那些人。

三

眼下处死罪犯简单，一般是一个枪子儿打出去结事。《听来的故事》接下来说，罪犯是挨了一枪才赴九泉的。可是，它编了一个细节：

> 枪响之后，他（指刑警队长）离开现场，脚下踩了什么东西，软软的，以为是香蕉皮，又踩了一下，还是软软的，低头一看，是一条舌头。他说，枪子从脑后打进去怎么偏巧就打飞了舌根，足足五寸长啊，这长舌男！[1]

读《听来的故事》，至此深觉震撼。震撼之时，也就忘掉了为什么法律代码不会震慑"后面那些人"这一问题了。起码，觉得那

---

1 贾平凹：《听来的故事》，第23版。

是不重要的事情，还有更紧要的问题。

一名斯文的刑警队长，执行枪决的时候竟然打飞了舌根，舌头掉了出来，还被踩了几下，不知不觉！而正是这条舌头，讲出了三个时间跨度很长的警世故事。这里兴许有一个《听来的故事》的深层进路。

再瞧三个故事的时间排列。

这排列有个历史顺序。第一个是久远的，第二个是较近的，第三个干脆是眼前的。如果又提"法律代码"，那么，法律的暴力惩罚在这个历史顺序中则显得"由粗鲁到文明"。久远之时是古代，那个时候，英雄与虎斗与龙斗，其乐无穷，而执法者胸毛粗硬，手抡利刃，处决死犯犹如屠宰。较近之时，已有"现代文明"的征兆，救人者虽是要么在河里奋勇斗龙，要么在山里拼死驱狼，而执法者却粗细兼有，不会彻底地有如屠宰，可有时也会喊声"拉出去！"眼前，就是文明时代了。来子是被"沼气"熏死的。"沼气"主要成分是甲烷，"甲烷"一词纯粹是科学的语汇。科学有"文明"的意思。而开枪的刑警队长是"斯文"的，并且，事后还会"有文化地"讲述自己听来的故事。

舌根被打飞，是在眼前的文明时代。

而文明在人的风貌上，就是"斯文"。

说到"斯文"，那不仅是不粗鲁，更是有知识。这知识有时是所谓的"科学知识"。在法学专业的话语里，"刑警队长"被列入"科层"谱系。他有业务专长，业务知识是系统的。科层是"现代科举"的成品。讲起科层，人们则是容易想起现代性法律设计的一个方面。在历史上，法律的发展，经由了一个理性化、复杂化、专业化的阶段。因为，人们曾经大体以为，法治如能实现，当是首先有个规则罗列一旁，以便凡事可以"依法决断"。规则，不能粗线条，应该入微细致，否则，引起公说公的婆说婆的，还是等于没有规则。而规则具备了，便要大批的具有法学学科知识的人士操持运作。法律科层，由此而出。

刑警队长的"斯文"，暗示了这一点。

到这，便引出一个头痛的问题：怎么就是"斯文"的法律科层代码打飞了"长舌男"的舌根？

试着解释一下。

舌头是"思想言语"的象征。罪犯的舌头讲出了许多东西，最为重要的是，讲出了社会的"惰性秩序"不太喜欢的言辞。不论怎样，不少人做了一类事，自觉不光彩，可也不愿意被人无情地撩开面纱。于是，这类人需要一种东西，震慑不无顾忌的思想言语。都说法律是管行为的，法律名义的惩罚也是朝行为而来的，与思想言语无关。可《听来的故事》已经暗喻：法律的暴力不仅可以割断舌头，而且可以打飞舌根。

进一步联想下去。

舌头从中间割断了，也许是在暗喻轻度的一般人的"失语症"。法律有时可以凭借暴力，硬将对立面的思想言语压制下去，这是古代乃至近代，常常可以发现的情形。此种"失语症"，是由恐惧引发的病症。恐惧引发的病症，治愈不难。到了现代已有证据显示这点。

然而，打飞舌根，可能是在暗喻深度的一般人的"失语症"。深度的"失语症"，与恐惧无关，倒与"心甘情愿"相联。面对一种"神圣的""不可置疑的""理所当然的"象征物，后种"失语症"，不是不敢说，而是不想说，由此无从谈起"说"。并且，"不由自主"，是其基本特征。"斯文"的刑警队长这一现代性法律代码，站在人们面前，容易叫人"不可置疑"，其有"客观""中立""形式正义"的科层外貌。故而，粗读《听来的故事》，总会不知觉地理解"斯文"，以为这是"正当的"，具有"合法性"。所以，打这提升的法律统治，是在"根"处摧毁言语反应的能力。现代社会有时可以发现此种深度的"失语症"。

当然，如果罪犯在现代社群语境中是不折不扣的罪犯，过街老鼠，而且没有讲过三个故事，或者，讲故事时，完全像前边分析过的头两种情形那般（前面猜过三种可能的情形，以解释为什么罪犯会对刑警队长讲听来的故事），要么诅咒刑警队长，要么随便聊聊，那么，他被毙掉也就另当别议。现代性法律代码，由此，也是不可指摘。

问题恰巧在于，罪犯可能像前边分析过的"罪犯为什么讲故事给刑警队长听"的第三种情形那般，属于既明白又清白的人，时时展露"国家有难，匹夫有责"的风范，最后，没有留神，说话之间，"大水冲了龙王庙"，被毙掉了。此外，类似英雄被酒毒死，救人者被人出卖，来子被沼气熏死而旁人无动于衷的事情，总是屡见不鲜。到了现代社会，依然如此。

这样，"斯文的刑警队长"和"打飞舌根"之间相互关联的象征意义，来得颇有意蕴。起码在某些时候，它暗示，要解开"合法性"的外衣，掀开现代性法律的另一面。因为，它可能以"客观""中立""形式正义"的科层名义，背弃了社会一类的"正当"，而在背弃的同时，还叫"人"不可置疑。这"人"自是包括了"斯文的刑警队长"、一般人，还有"长舌男"本人。

《听来的故事》下意识地点到了要害。

最后留一句。人们都讲，文学作品读来是见仁见智，意义任由发挥。真是这样，则上面对《听来的故事》的解读，只是一种解读。

从《水浒》的翻译看 [1]

> 话语既可以是权力的工具，也可以是其结果……话语
> 传递并产生权力，它加强权力但又削弱并揭露权力，使其
> 虚弱并能够使其挫败。[2]

《水浒》，是中国古典文学名著。而不论在中国，还是在外国，一旦成为名著，就意味着通常需要翻译成外文，让非母语的读者可以阅读。当然，翻译有时是"主动的推销"，有时，是"积极的接纳"。前者说的是，母语的主体自己翻译，目的在于"推出"，用一种话讲就是"开拓进取世界"。后者说的是，非母语的主体也即"他者"翻译，目的在于"接入引入"，时常通称"引进吸收打开眼界"。现代性的展开，其方式之一，就是翻译。

翻译中有学问，而且是大学问，故现在对翻译颇多研究，遂促成一门显学成立，造就了新的学术分工，并引发了"翻译极为可能

---

1 原载高鸿钧主编：《清华法治论衡》（第4辑），清华大学出版社2004年版，第473—477页。现略修订。
2 Michel Foucault, *The History of Sexuality Vol. 1: An Introduction*, trans. Robert Hurley, New York： Random House, 1978, p. 101.

是种话语策略"的警惕。人们开始思索，翻译是否隐含着话语权力的运作。《水浒》的翻译，历经数次，其本身的故事，翻新不断，其中似乎就有"策略"的问题。

　　当然，本文只谈故事中的一个"版本"，略及"翻译策略"，主要目的是从翻译问题导向法律问题的追究。

一

　　"文化大革命"时期，有一个国际友人，叫沙博理（Sidney Shapiro）。此人居住中国多年，十分精通汉语，又特别喜好《水浒》。当时篡政的"四人帮"，力邀沙博理用英文翻译《水浒》，以便"推销"，送及海外。沙博理勉强答应下来。翻译完成之际，沙博理将译稿交给"四人帮"，算是交差。可"四人帮"初读英文译本书名，立即表示了不满。英文书名是 *Heroes of the Marsh*。"四人帮"说，宋江被帝王招安了，他是叛徒，而且跟随他的相当一部分梁山泊人物，没有"阶级觉悟"，同样是叛徒。既然是一群叛徒，怎么能用 heroes（英雄）这个词？所以，这里的翻译之误是根本性的，有关立场。"四人帮"有想法。他们觉得，既然是"开拓世界"式的"推出"，就要有意识地通过翻译策略引导非母语的读者，让他们看出历史中人物的真正问题，特别是历史中人物和当代人物之间的隐喻关系，以明了"文化大革命"时期中国某些人物的"深层一面"。"四人帮"说，应该用与中文里的"歹徒"一词相对应的英文词，而且要求沙博理一定要准确找到这个英文词。"四人帮"指出，梁山泊人物，开始时是"造反"，可后来是叛徒，两相连贯，就有了比叛徒还要恶劣的情节，于是非用"歹徒"一词就不能揭发其实质。沙博理这时发现，"四人帮"对翻译有点在行，接着，答应找词。最后，英文书名成为 *Outlaws of the Marsh*。[1]outlaws 的确有中文"歹徒"的意思，而且，主要是这个意思。"四人帮"读后，觉得"爽"，遂宣布翻译"大功告成"。然而，沙博理暗自偷笑，而且在"四人帮"垮台之后，还不无得意地说，outlaws 还有中文"好汉"的意思，通过全书的翻译，英文读者一定相信，书名在指"好汉"！[2]沙博理似乎是"该出手时就出手"，用 outlaws 的双重隐意来暗中进行话语抵抗运动。他同情那些"四人帮"不喜欢的人物。

在《水浒》翻译过程中的这个"版本"故事，非常鲜明地表现了翻译的意识形态策略的斗争。

二

现在转入法律问题。

在梁山泊的特定语境中，不论 heroes，还是 outlaws，都与法律

---

1 见Shi Nai'an and Luo Guanzhong, *Outlaws of the Marsh*. Beijing： Foreign Languages Press, 1980。

2 见沙博理：《我的中国》，宋蜀碧译，北京十月文艺出版社1998年版，第285—286页。

有关。heroes 针对的是法律制度，outlaws 更是如此。可是，作为能指的两个词，其所指向的实在对象，却是一个———一群人物群体。换言之，用中文语词来说，既可以用"英雄"来表达某一类反抗一类法律制度的人物，也可以用"歹徒"来表达某一类违反一类法律制度的人物。不同意思的语词使用，表现了对特定人物或者特定法律制度的不同立场。尽管，英文里 outlaws，也有"好汉"的意思——和"英雄"的意思有了点滴相通的地方。但颇为重要的是，"英雄"所对应的"反抗"，表达的是对一类制度的否定；而"歹徒"所对应的"违反"，则相反，表达了对一类制度的肯定。

在法学里，一个问题始终暗中作祟。这个问题是：为什么在某些语境中，人们总是中性地看待法律，比如，在前面的语词使用中，无论"英雄"，还是"歹徒"，无论"反抗"，还是"违反"，都没有否定法律本身的资格（尽管对法律有不同甚至相反的态度）；而在某些语境中，人们却仅仅正面地、怀有偏激道德立场地看待法律，比如，我们的语言表达习惯中总有"法律是正义的象征""法律是人类智慧的体现""法，平之如水"……

当然可以认为，这是法学里常说的实证主义话语和自然法学话语的"争论"现象。实证主义，从来都说，"法律的存在是一码事，法律的好坏则是另一码事"[1]，因而，在《水浒》的翻译中，

---

[1] 比如英国近代法学家奥斯丁（John Austin）就是这么说的。见 John Austin, *The Province of Jurisprudence Determined*. ed. Wilfirid Rumble, New York: Cambridge University Press, p. 184。

"英雄""反抗"也好，"歹徒""违反"也好，同时都是对法律资格的认定，但却可以表现出对法律的肯定或否定的态度。自然法学，尤其是极端的自然法学理论，则是相反，认为"法律的存在和法律的好坏从来都是一码事"，[1] 所以，在"英雄"和"反抗"的语词使用过程中，法律表面上看是存在的，实际上则并不存在。否则，英雄就可以反抗"正义的""智慧的""平之如水"的法律了，这会是奇怪的语言使用，而且至少是违反了一些重要的语言游戏规则。

但是，传统的实证主义和自然法学的"笔墨官司"，已经过时，其启发意义，可能已是大打折扣。因为，语言的使用从来都是应景式的，更为打紧的是，语言的使用者，从来都是从自我理解的角度去看自己的语言使用，并不喜欢跳出"自己的立场"，总会认为自己的语言使用，是正确的、应当的，尤其针对法律这样的社会建制问题。进而，语言游戏规则也变得是多重的、复杂的，构成了多维曲扭演化的空间。而实证主义和自然法学话语，都在从"他者的立场"来讨论问题。"他者"的立场，表现了知识理解的中立性，并且，意在表现这种中立性，展示了知识观察的"外在性"，毕竟，这种立场相信，法学知识的寻觅也是知识中立追求的一种。两种话语的这种"他者"潜意识，决定了其不可逃避的"过时"。不论实证主义认为自己怎样有道理，认为自己对法律制度的建设怎

---

1 例如中世纪西方就有人这样认为，见阿奎那：《阿奎那政治著作选》，马清槐译，商务印书馆1982年版，第184页。

样大有裨益，不论自然法学认为自己多么"讲正气"，对法律制度的建设多么立意高远，生活在现实中的个体，还会采取自己的语言行动策略，标明观点，进行"斗争"，自我伸张，从事征服，进而构筑"法律想象"的一个方面。这就是"过时"的意思。

因此，暗中作祟的法学问题，不是实证主义和自然法学揣摩的那样，是一个"他者"可以争论清楚、论证清楚的问题。这个"暗中作祟"，是持续的、生长的，是和作为个体的我们每个人眼睛中的鲜活法律场景持续相互作用的，并在相互作用之中，凸显个体的利益、嗜好和立场。

那么，我们是否可以设想，个体化的法律话语实践决定了法律生活必定是"反普遍"的？这不一定。因为，谁都可以发现，即使是在我们个体的自我经验中，我们也能发现特定语境中的我们自己和他人的某种一致。有时，某个体，的确和他者个体分享了共同的法律体验，因而，进入同一条战壕、彼此鼓励、相互支援、一致对外，设定共同的"标靶"。就此而言，如果将法律游戏看作语言游戏的一种，那么，维特根斯坦（Ludwig Wittgenstein）的断言是不能忽略的：语言游戏是生活，生活是语言游戏，而语言游戏是有规则的，尽管规则在变化。[1]

可是，个体化的法律话语实践，因其是从自我立场出发的，或者说是从"内在实践立场"出发的，所以，法律游戏规则的变化，

---

[1] 维特根斯坦：《哲学研究》，汤潮、范光棣译，生活·读书·新知三联书店1992年版，第10—11、17—18页。

又和自我个体的争斗有着联系，是由自我个体的争斗加以催发的。"自我"确定着立场，谋划着策略，设计着方式，运用着权力（福柯［Michel Foucault］式的权力），从而在一种法律游戏规则中不断注入新鲜元素，也即导致演化可能出现的新诱因；"自我"总是轻声唱着"军号已吹响，钢枪已擦亮，部队已出发……"将自己的意志及热情，诉诸战场。而一种法律游戏规则和自我介入的相互关系，是无法确定的，是无法知识化的，尽管，可以小作描述。于是，法学知识的努力总是面对了无法知识化的部分对象。

这就是在一个《水浒》翻译的故事版本中可以发现的问题。

三

在"四人帮""想象"着梁山泊时代的法律的同时，沙博理也在"想象"着，尽管他们都没有生活在那个时代。我们也会"想象"，虽然我们同样没有生活在那个时代。只要在生活中有着争斗，比如，像"四人帮"那样有着力图含沙射影的攻击意图（将宋江喻为某某），像沙博理那样有着春秋笔法方式的迂回抵制思虑，人们就会不断地"想象"法律，"砌筑"法律，不论这个法律是什么时代的，并且，为其击鼓，为其呐喊，为其披挂，为其上阵。人们不仅要争论究竟是用"英雄""歹徒""好汉"还是"反抗""抵制"等语词去阐述《水浒》的故事，以及其中的翻译，而且要争论究竟是否用其他语词去阐述去翻译，从而准备设置不同的法律气氛，制造不同版本的法律故事，包括不同版本的翻译故事，使法律游戏规则变得"既在此时又不在此时"，十分辩证。

当然，我们可以自我约束地做个"旅行者"，克己复"法"，走马观花，不卷入上面所说的一切，去客观地描述法律现象，生产普适的法律知识，指出"四人帮"和沙博理都是不客观的，没有普遍的法律知识储备，从而指出"到底是用何种语词来翻译不是个不能解决的问题"。但是，就是我们自己，恐怕都没有办法可以不生活在特定的法律制度中。毕竟，我们总是生活在一个无法自拔头发从而脱离地面的"法律地球村庄"中。

如果无法成为法律知识的"旅行者"，那么，就必定是法律知识的"角斗士"——而且是在使用文字的每一刻，包括笔者写下上述文字的这一刻。

有产阶级的法律

——新游学纪闻在美国（一）[1]

> ……社会不是以法律为基础的。那是法学家们的幻想。相反地，法律应该以社会为基础。[2]

本文讨论法律、法律教育与资本的关系。

2003年3月，在美国岭南基金会惠助下，我得以再次游学美国。虽然继续以"访问学者"冠名，但是，自己始终认为是在游学。游学，意思当然是指暂留学习，而所谓暂留学习，就是"学生"的一件事情了，不论"学生"的岁数有多大。作为学生，应该"习而思之"，凡事打个问号。此番游学，真有一些疑问时常浮现脑海，问题关于美国法律事业，关于中国法律事业，总由小事引发。

---

1 原载宫本欣主编：《法学家茶座》（第5辑），山东人民出版社2004年版，第71—75页。现略修订。

2 卡尔·马克思：《对民主主义者莱茵区域委员会的审判·马克思发言》（1849年），载《马克思恩格斯全集》，第6卷，人民出版社1961年版，第291—292页。

一

这次游学的主要目的地，是老地方——几年前来过的美国俄亥俄州立大学法学院。这里有熟人，方便。这个法学院，在著名法学院林立的美国，时常以"小弟"自称。这是不得已的谦逊。毕竟，人们总会提到赫赫有名的哈佛、耶鲁、斯坦福、哥伦比亚、纽约大学的法学院，而不会论及"小弟"。

俄州这家法学院的大楼没有变，还是那座，1958 年建成的，那年我在中国呱呱坠地。但是，大楼镶嵌的一个新的名称吸引了我——Michael E. Moritz 法学院。这是说，法学院的叫法前面加上了一个人名。朋友告诉我，Michael E. Moritz 是当地的一个知名人士，类似中国的"李鼎明先生"。这个 Moritz，捐助了一笔钱，所以，"法学院"几个字前面就有人名定语修饰。钱数，是三千万美元。不小的数目，足以解决一些问题。

我特别注意朋友告诉我的四个细节。第一，Moritz 先生是这所法学院的毕业生，当时学习成绩平平，没有成为学生中的亮点。第二，毕业后，Moritz 先生几乎没有从事法律职业，而是做起了生意，其生意事业转折点是十多年前的股票操作，几个回合，一举成功，从此进入当地"富豪"排行榜，而法律职业在其心目中究竟是何地位，则不得而知。第三，说重要挺重要，说不重要也不那么重要，这就是，Moritz 先生的家里人几乎都不赞同把钱捐给母校。不是不爱母校，而是觉得需要留待更重要的用途。第四，学校花了几年的工夫，运用超常规的公关手段，最后将钱"切入"学校的金库，当然，其时恰逢 Moritz 依然健在（现已去世）。用朋友的话说，当时学校是不达目的誓不罢休，正所谓"明知山有虎，偏向虎山行"。Moritz 家里人在那里作虎状。Moritz 本人也有些犹豫。

我很关心钱。其实现在人人都关心钱，美国人也好，中国人也好，都不例外。谁让钱可以做成事，还能做成与法律相关的正义的大事，并且堂而皇之？此外，在高举正义大旗的时候，法律人既可从中"金榜题名"，也可从中"腰缠万贯"，这就难怪法律人总是在"钱"中乐此不疲。上述四个细节，都是围绕"钱"来转的，并且与法律事业都有关系，只是关系有远有近而已。

本文先说第一个细节，并略作发挥。

二

Moritz 先生读法学院时，家境一般。谁都知道，大学毕业后，在美国要读法学院，不仅 LSAT（法学院入学考试）成绩要看得过去，而且还要有相当的经济基础，除非接到全额奖学金这样的天上掉下来的馅饼。家境平平，读起法学院来就有些吃力。毕竟，学费昂贵。据说，Moritz 先生当年像许多美国学子一样，誓不增加亲人负担，勤工俭学，靠自己的双手打造学习的"银境"。挣钱的地方，有证券交易，也有其他行当。最令 Moritz 先生得意的地方，就是证券交易。一是在其中可以捞到实惠；二是在其中可以理解资本的运作，反思经济关系；三是在其中可以洞察法律和钱的关系，特别是法律是如何在管理钱的同时又受制于钱的。Moritz 先生因为兴趣有些转移，也即特别注意了法律和钱的关系，或者法律与经济的关系，并且身体力行，所以，对课本中的法律与正义、与道德、与宗教的关系，甚至细节化的判例内容和制定法条文，显得有些不耐烦。成绩终于平平。

　　在这里，成绩终于平平，并不是我们关心的问题。我们关心的问题，在于当 Moritz 先生在学习法律的过程中，一方面，课堂上要培养正义的气节，熟读法律的公正精要；另一方面，课堂下要和他人进行经济的攻防交易，算计细节，如何在红色经典政治经济学认为并不生产真正价值的证券交易中，有所获得。而这样一种双向过程意味着什么？自然，经济交易也讲公正，或者公平。但是，我们的语言总有"商场有如战场"的叙事，英语也用 battle（战斗）来描述 market（市场）的言谈。如此，在敌对状态中，所谓的公平，也许就是中文"周瑜打黄盖"说法的另一种表达。事实上，美国法律教育的过程，在学费昂贵的情况下，一方面在要求着话语大词的正义；另一方面，在要求着如何以谋略方式对付他人的"现场"斗争。如此，这一双向过程实在是使人格出现"精神分裂"的一个过程。这就难怪 Moritz 先生成绩平平，然而，却可以为日后赚下大批美元并捐出三千万奠定良好基础。

　　这里可能与"正义与效率"的常识矛盾有关，也可能与我们通常认为的"美国法律教育甚至法律制度都是虚伪的"常识观念有关。但是，问题并不这样简单。因为，无论在哪个地方，法律都是"硬通货"，人们发现，离开法律是不行的。我们中国今天也都是大讲法律，在我们的法律教育中，费用，现在也是一个前提了，而且有人为了学费，和 Moritz 先生殊途同归，并且经历着同样的可能的人格"分裂"。这意味着，将法律说成好的，或者将法律说成坏的，都不影响我们最终运用法律。而且，我们总能发现，法律以及法律教育是在资本的推动下运作的，而资本的运作，总是依赖以"私权神圣""公权制约"为标签的法律象征，并以此作为自己合法化的制度保障。于是，法律运作及其所赖以依托的法律教育中，一定存在着什么东西令人苦恼。

三

　　引入社会分工的概念。

　　现在的社会，自然是分工化的。谁也不会认为可以"纯粹地自力更生"。道理，十分简单，有你知道的，必定有你不知道的，而你生活的语境从来就是由"知道"和"不知道"两个方面构成的。甚至可以说，你的"不知道"，正是别人"知道"的主要理由前提，反之，别人的"不知道"，正是你"知道"的主要理由前提。否则，别人和你各自如何生存？于是，我们也就可以理解为什么知识的分配从来都透露着狡黠的微笑：让你明白一些知识，一定是为让你不明白一些知识。相互依赖，是社会知识的一种必要安排。

社会分工，意味着知识服务既是相互的，又是交易化的。法律知识自是不能例外。犹如常识所说，法律运行要成本，因为法律的产生，法律人的培养，法律的社会嵌入，都是钱"做的好事"。想要得到法律的帮助，要付成本。成本是不得已的，就如同法律人需要他者提供另类的服务，同时需要付出成本一样，天经地义。从这个角度来说，法律，以及法律教育，是在交易中诞生的，至少是在交易需求中诞生的。期待一个实体以第三方身份出现以调解社会纠纷，以实现社会正义，同时又无"交易"的色彩，这实在是人们在遗忘社会分工以及交易费用的时候所构筑的一个乌托邦。

我这里无意说法律不能做我们有时共同认可的"正义"。有些时候，我们的确在为法律的"正义胜利"欢呼雀跃。但是，这种"正义"，是在交易已经完成之后甚至是在交易正在进行的时候实现的。谁能指望一个没有私化费用支出（比如个人聘请）或公化费用支出（比如国家财政支持）的法律正义，可以自动地来到我们身边？美国人，以及我们现在中国人，都非常强调"纳税回报"：公民交税了，所以需要得到国家的法律救济。反之亦然，国家法律救济在安排之际，同样要传达一个"你要交税甚至还要交费（比如诉讼费）"的信息。这就是交易。这种交易中，任何一个环节的失败，意味着作为社会分工一部分的法律的失败。也正是在这个意义上，我们获得的社会正义，是在法律和交易的"共谋"中生产的，它离不开"钱"。我们认可的"正义"，和我们的"支出意识""收入意识""收支平衡意识"，以及正在进行的"交易"，无法分开。所以，我们认可的"正义"，就是我们喜欢的"正义"，是我们为之"提供支出"的正义，而非大写的正义。

这就是法律运作及其所赖以依托的法律教育中的苦恼。法律人，是在"交易化"的法律教育中培养的，从一开始，像在 Moritz 先生身上看到的那样，为了成为法律人就要"支出"。这样一种在法律教育中呈现的"支出收入"的交易，实际上早已印入美国法律学子的头脑中，也将自然地印入中国当下的法律学子中。这些学子的"交易意识形态"，在其进入日后的法律空间中，怎能被忘掉？何况法律空间中本身就存在着"法律交易市场"。

因此，我们必须面对一个问题：以费用为前提的法律教育，其角色到底是怎样的，是否光彩？接下来的一个问题：对于无法支付费用的社群来说，法律教育以及后来的法律运作，如何向其倾斜？马克思（Karl Marx）说过，法律是有产阶级的事业。[1]Moritz 是否读过马克思的书，不知道。但是，他在攻读法学院的同时操持证券业务，肯定是在实践马克思的这个观念。更为困难的问题在于，我们在明知法律是有产阶级的事业的时候，不能因此抛弃法律，不能将其变为无产阶级的事业。

---

1 见马克思、恩格斯：《共产党宣言》，中共中央马克思、恩格斯、列宁、斯大林著作编译局译，人民出版社1964年版，第54页。

意识形态的分裂

——新游学纪闻在美国（二）[1]

> 新阶级的繁衍越是依靠专业化的公共教育制度，他们
> 就越会生成一种意识形态，强调自主性，主张自己置身于
> 经济和政治利益之外。[2]

在上一篇小文（《有产阶级的法律》）中，我提到 M 先生是怎样在美国法学院"修炼"的。从中发挥，我提到了法律教育和法律本身如何是一项有产阶级的事业，而且，作为无产阶级的我们，同样需要这种法律，这是一种吊诡。文中提到了 M 先生为母校捐款，出手不凡，一掷三千万。只是，捐款过程的完成，是有些周折的，需要"各方努力"，其中一个努力就是学校费了九牛二虎之力才将钱从 M 家人那里切了过来。学校切钱，这是人们可以注意的第四个细节（参见《有产阶级的法律》）。

现在，我想说一下"学校切钱"的事情，而且再作发挥。

---

1 原载宫本欣主编：《法学家茶座》（第6辑），山东人民出版社2004年版，第105—110页。现略修订。

2 阿尔文·古尔德纳：《新阶级与知识分子的未来》，杜维真译，人民文学出版社2001年版，第15页。

一

眼下大学办学，都要切钱，没有钱是不能办成事的。切钱是件任务，甚至是完成世界一流大学建设任务的前提。有的时候，可以从私人那里切一刀，比如在上面提到的 M 身上，有的时候，要从公家那里挖一块，比如中国许多大学就是这样做的。切钱有学问，而且是大学问。当然，更重要的是细节上的招数。

在美国，朋友对我说，从 M 先生那里切钱的时候，他们大学费了一番工夫。

我们先说第一步。学校第一步，是派出法学院的一位副院长出马，打探虚实，看看有无可能。见面时，这位副院长要先问候一下 M 先生，然后关心一下先生的近况，接下来就是介绍母校法学院的"辉煌"，再就是说一下，法学院如果具备了某些资金条件，如何可以进一步地可持续发展，进入全美一流法学院的行列。不仅如此，还要将 M 先生夸一番，将其在金融证券业内的成就如数家珍地娓娓道来，说其如何令人羡慕，如何令母校骄傲，如何使母校的法学院因为 M 的名字而在当地金融界如雷贯耳。当 M 先生飘飘然的时候，再加把劲地捧一把，称其成就做得还是"谦虚"了，如果再上层楼，不仅可以再创辉煌，而且会让格林斯潘（Alan Greenspan）都觉得自己差了一截。最后，非常严肃地带有激情地握一下 M 先生的手，诉说如何希望先生重回母校观光，看看"今日"的法学院，回忆一下昔日的"青春"，在动情之际递上一句："如果法学院可以有哈佛之类的法学院的硬件，那么法学院就肯定不止出现一个伟大的 M，还会出现第二个、第三个 M，等等，如此，第一个 M 的意义是多么具有历史性！"

第二步，是法学院院长出马。在美国，人人知道，各类院长的重要任务之一，和校长十分类似，就是找钱办学，除了添加学院所需设备，还要设置各类冠名讲座教授职位，以壮"特色""声威"。当副院长将事情谈得有点感觉的时候，院长就要落实关键条件。院长的出现，意味着学校非常重视此事，也是给 M 先生的一个"抬轿"。在这第二步，院长不能像副院长那样"毕恭毕敬"，而是比较矜持，既尊重对方，又显示"平等"，让 M 先生开始出现新的感觉：将钱捐出来固然是伟大的贡献，但是，没有这笔捐款，法学院依然可以"与时俱进"，法学院让你捐款既是对你的期待，也是对你的器重。外人可以这么说，谈判策略在这里因为角色的变化而发生了重要转折，换言之，法学院一方不再是"打探""吹捧""翘首以待"，而是"等待""互敬""坐收渔利"。

但是，M 的家属不同意。此时更为蹊跷的是，就在 M 先生大体同意的时候，先生的身体出现了问题。家属说，我们家先生是有"爱"心，但是，捐款一事留待日后再议比较妥当。家属是有自己想法的，毕竟，那是三千万。只要事情暂时"悬置"，就有可能彻底推翻。法学院急了，学校也着急。学校是州立大学，就是我们这里说的省属大学，它可没有多少民间财源，主要是州财政拨款。眼看就要煮熟的鸭子，居然还有可能让它再飞起来？！于是，出现了第三步。

　　第三步是学校副校长出面。副校长出面共三次。第一次，拿着鲜花就去看先生，一切不谈，只论关心。第二次，还是拿着鲜花，不过是双手抱过去，依然不谈"钱"事，只论关心。第三次，拿着更大一束鲜花，仅仅将它放在先生的家里，然后表现出"不能打扰"且起身准备离开的意思。当然，就在第三次，M 先生感动了，而且家属也感动了。还说什么呢？ M 提出，他准备马上草签协议，为母校做出实质性的贡献。可那位副校长只说了一句："过几天，我们校长还来看您！"

　　后面的事情可想而知。一切非常顺利。M 先生的三千万，进入了学校的账户。

　　听完朋友的介绍，我联想到了中国。我们这里的大学还有法学院为了一桩"业绩实事"，除了细节有些不同外，大致来说，不也是这么"练摊儿"的？

　　自然，问题不在于怎么"练摊儿"，而在于谁在练，这人练了之后又再干什么。

二

　　再说事实。那个美国法学院副院长、院长是法学院教授出身，而且教学科研从未落下。他们在上课的时候，从来都是告诉学生美国法律的办事程序是如何和正义、民主、权利相得益彰的，如果运用什么手段的话，那也是为了对付邪恶。两位教授还经常出入自己法学院的 legal clinic（法律诊所），"为民排忧解难"。而副院长，就在头天下午琢磨怎样和 M 先生"谈判"之后，第二天早上到了 clinic……

这是一个对比。

还有一个对比。那个法学院的大楼，刻有几个美国著名大法官的语录。其中一个说到，当你进入法律职业的时候，你要仔细思考运用什么手段来解决正义问题。说这话的就是约翰·马歇尔（John Marshal）大法官。这是座右铭。而大楼本身盖得超靓，既有现代前卫建筑风格，也有古典庄严之姿，而且设备功能极为齐全，实在方便。尽管其费用不全是从 M 的捐款中支出，但是，后来之耀眼，却和先生的添砖加瓦，不可分开。而添砖加瓦就是经由切钱手段实现的。

第三个对比是招生。三千万入账后，其中不少是用来资助学生的。资助学生的时候告诉学生，这是勉励学习法律，让学生树立"荡涤人间不平"的宏伟理想。而隐蔽的资助目的却是和另外一个临近的上乘法学院展开竞争。奖学金是个诱惑，诱惑优秀学生，如此，让临近的上乘法学院逐渐逊色，最后使自己在附近一片成为"大哥大"。这是"业绩"的意思。

这些对比，并不奇怪，一旦说出来大家都会觉得司空见惯。但是，我们总是将美国的法律和法律教育想象得如何"天堂"，以此借鉴，移植中国，并誓言打造世界一流的法学院。其实，这个具体"切钱"个案，说明了西方和中国是多么的"似曾相识"。一旦进入了经济的逻辑，"自利"的选择就是屡见不鲜的（这里毫无贬义）。法学院要发展，而发展需要钱，这些都是硬道理，如此，法学院的教育以及由此而来的新法律人出炉，势必要带上意识形态分裂的痕迹。

在说"意识形态分裂"之前，先看一下"意识形态"的意思。

意识形态，是无处不在的。宣讲程序正义、进入 clinic、勉励学生，还有大楼刻字、建筑庄严，是意识形态化的，表达了人们的某种一般观念，而且是某种人们要努力为之奋斗的一般观念。它们是符号，表征着意思，而在这里，稍加体味就会知道其中的"古典法律"（也就是"法律公平"）的象征意义。而另外一些东西，像切钱谈判、争夺生源、书写业绩，还有不断地计算三千万如何地花，也是意识形态化的，也表达了某种一般观念，而且同样带有"奋斗"的痕迹。它们同样是符号，表征着另外意思，这可是直接感觉就可把握的"现代法律"的一个侧面象征意义（现代法律不能摆脱钱来运作，参见《有产阶级的法律》一文）。当社会更加发展的时候，当经济更成为第一时间的目的的时候，掺杂"会计成本"的现代法律制度以及法律教育，是不可能摆脱另外一半所谓的"效率效益"的意识形态的。

三

推进思考。

事实上，在法律语境里的意识形态分裂，应该不是什么新鲜的事情。人是双面的，需求是复杂的，同一个人，此时和彼时都会不同，于是，今天做了大义之事而明天做了"不太好意思"的事，也就没有什么大不了的。问题是就法律而言，其中的法律人，以及法律教育，为什么也可以是双面的，就像前面的"一边在挖空心思切钱，另一边在宣扬正义"，尽管，这两种做法并不必然是直接对立矛盾的。

应该指出，法律，包括法律教育，其本身是无法逃脱"意识形态分裂"干系的。法律以及法律教育要输出正义，要输出公平，在输出的过程必须借助输出手段，而手段用经济学的术语来说就是"依赖成本"。谁能说它们实现正义公平的过程是不用花钱的？既然如此，它们从降生的那一天起，即使是"古典法律"的草创阶段，金钱都不能离开其左右。另一方面，至关重要的是，在这里，不是像《有产阶级的法律》一文所说的，法律是有产阶级的事业，那只是问题的一个部分。在这里，法律以及法律教育在依赖成本的时候又必须做些正义公平的事情，因为，实现正义公平是赢得金钱的前提，这又是一个关键。于是，问题就不仅仅是金钱为法律和法律教育做嫁妆，而是法律和法律教育的正义公平也在为金钱做嫁妆，或者，可以这样来说，法律与法律教育干出"正义公平"，是它们得到金钱资助的资格。不做出一点像样的正义公平之事，金钱反而是不会"送上门"的。我们还可以这样提出问题：它们不做正义公平的事情，能向金钱伸手吗？

有人会说，有的法律包括法律教育就是非常恶劣的，不做正义公平的事，它们照样可以拿到金钱，甚至支持"铜臭味"的金钱。我以为这是可能的。但是，更普遍地来说，如果正义公平本身就是语境化的，那么，即使再恶劣的法律和法律教育，也有正义公平的颜色，这样，问题就像人们常追问的，只是"谁的正义，谁的公平"的问题。它们总要拿出个"一家认可"的正义公平作为理由，否则自己是难以存在的。同时，谁都知道它们有个"妥协"的问题，这是说，它们有时还是要做一些社会普遍公认的一些正义公平的事情，否则，它们同样是难以存在的。换句话说，法律和法律教育在正义公平的事业上不能只帮一家的忙，还是要更普遍一些，更普适一些，至少，这是门面问题。当然，拿出虔诚一点的态度的话，就是"必须"承认它们本身就有正义公平的一面。

接受了这样的看法，结论似乎也就变成了：法律包括法律教育在做大义之事的时候，必然要做些"不太好意思"的事情，而做些"不太好意思"的事，恰恰是为了做一些大义之事。这就是法律包括法律教育的深层意识形态分裂。也可以这样来讲，它们没那么"单面"，没那么"纯情"。我们既不能说"它们不过是你们那个阶级的意志而已"，也不能说"它们是没有金钱味道的大写正义与公平"。

既然如此，我们为什么不能理解美国法学院的"领导们"，在教授程序正义、进入 clinic、勉励学生，甚至将手指向大楼所刻的法律先贤语录并且指向庄严的法学院大楼（或说"法律大厦"象征）的时候，他们也会"不好意思地"做些切钱的生意？既然如此，我们为什么不能理解我们中国今天的法学院，也在从事同样的意识形态分裂的实践？那是事物的原本。

法律人唯一需要认真对待的问题，只有一个：提醒自己是在这种分裂之中的。

小额官司

——几类思考的理路 [1]

> ……一讼之兴，未见曲直，而吏有纸张之费，役有饭食之需，证佐之亲友必须酬劳，往往所费多于所争。且守候公门，费时失业，一经官断，须有输赢，从此乡党变为讼仇，薄产化为乌有，切齿数世，悔之晚矣。[2]
>
> 听讼，吾犹人也。必也使无讼乎。[3]

一日，"奉诏"进京，在一大媒体上清谈"小额官司该不该打"（节目是《实话实说》），引起不小争议。事后，与业内友人交谈，又再深入论及，将几类思考展示铺开爬梳整理，小有斩获。现动笔写一下。

---

1 原载中山大学法学院主编：《中山大学法律评论》（2001年第1卷，总第3卷），法律出版社2002年版，第385—395页。现略修订。

2 吴炽昌：《客窗闲话·续客窗闲话》，王宏钧、苑育新校注，文化艺术出版社1988年版，第306页。

3 《大学·中庸·论语》，朱熹注，上海古籍出版社1987年版，第52页。

一

先交代语境。

中国人久远的习惯，大概是和众息讼，不到万不得已，不进官府衙门法律了断。据说，这是今日法治观念依然疲软的一个缘由。有了纠纷，先想到和解，或者忍着，或者看看风景以便将其抛在脑后，是一种心态。这种心态有时会使日子过得不那么紧张。可是，一种心态就会影响做事的方式，还有发散的效应，传入社区乃至大社会，使人随之而动。这样，与"法"连接的"立法""执法""司法""守法"之类的语汇，便易在集体记忆中失却。失却的结果，使得人人做事无棱无角，规矩方圆游离不定，而企图不良者，倒有机可乘了。

中国人传统基本是这样被叙述的。

法律是种硬规矩。大致来说，清楚、可查，断是非一定是个好凭据。古人讲，它可定分止争。今人说，它可明权利、标义务。一句话，法律重要的功能在于创造纹路清晰的秩序制度。是是非非，必须断个小葱拌豆腐。如果是你的，一分不能少；如果是他的，半厘不能差。由此，法治意识凸现的意义不言自明——公民权利彰显了。至少，企图不良者，寸步难行。或者，往大了讲，法治可是眼下赶上现代化末班车的一个好帮手。

于是，打官司，而不是私了、忍着或者看风景忘掉一切，便形成了一种激励性质的意识形态话语涌动。

语境明晰之后，看看小额官司。

时下，小额官司已是见惯不怪。十来二十元钱的纠纷可进法院，一元钱的"别扭"也会进公堂，就是三角五角的芝麻丁点"不舒服"，也能讨个"法律说法"。法院从不拒绝，当然，似乎不会也不大应该拒绝。

此次进京清谈的小额官司，是一元钱的事情。一名可敬的当事者，喜欢法律，便在书店里买了一本《走向法庭》的书。说来有趣，这书与法有关，本应印得"毫不含糊"，质量上乘，可它硬是在中间少了几十页。买书者走后才发现瑕疵，于是便回到书店理论，要求换书。书店二话不说，同意换书。但是，买书者说，来时乘车花去五角，回去乘车还要五角，两钱相加，需要一元，这一元还应由书店支付。书店一听，犯愁，便以种种理由说明一元钱无法"奉还"。买书者再次理论，书店坚持。结果，在一元钱上是没有结果。

没过多久，买书者真是"走向法庭"，将书店推在被告席上。意思是：一元钱必须交出来。

官司的标的额数真小。

依着一般感觉，这钱不必那么认真。打官司本身就要钱，而且，费时费力，搅在火头上，还会伤了感情，得不偿失。可买书者相信，一元钱是自己的权益，权益就应保护、就应争取，那是他心中的"澳门"。换个词话来说，站在高处看，公民权利要张扬。这样，大约以两千元左右的成本，买书者讨回了一元钱的"公道"。

法院说，一元钱，书店毫无疑问要掏出来。

二

通常来说，一些法律学者和经济学者，甚至一些外行百姓，就像刚提到的，首先会想到"官司成本"这一问题。这就是，别忘了官司要钱，费时费力。打官司，不该入不敷出。如果为买斤菜，却花上几十倍的钱租出租车奔远处去买，这是经济算数没学好，更是精神有些不正常。所以，用一元钱的成本来打两千元的官司，才划算。

当然，学者们的想法也许更为宏大。他们，不但会站在百姓的立场，拨拉当事人的小算盘，而且，会站在国家立场，拨拉社会的大算盘。大算盘意思是说，社会资源就那么多，一处用了，另处便少。像法院审案断狱，人力、物力、时间，都是一个数，用在一纠纷上，其他纠纷就会搁置一旁。况且，中国人的法院目下已是忙得不可开交，小额官司挤进去，法院还要拿出精力、时间，为此支出不小的社会成本，审别的大案要案，资源便更拮据了。这样引来的经济学"外部性"，非常糟糕。

制度经济学还说，要警惕交易过程中的成本。交易成本过大，会使交易本身失去意义。而交易成本放在法律自身，便是法律制度的运行成本。法律制度的设立，是为了价值对等的秩序安排。两个小孩子斗嘴，法律制度要过问，这时价值就不对等了。两个成人动刀子，或者，一百万元说不清是谁的，这时法律制度过问，价值自然对等了，而且有收益。故而，运行成本加大，效益却是判明一元钱的胜负，制度也就不是节约资源的制度了。

"成本计算说"是对小额官司运作的批评。但是，它会遇到两个反批评。

先讲头一个。

前边已经交代，当下的语境是中国人大体缺乏权利意识，有些逆来顺受的习性，这使一些人好钻空子。在一元钱的案子里，书店里的人就有点钻空子的意思，因为，不太拿消费者当回事。此时，有人站出来，宣战一番，即便官司额数小得不能再小，其意义也是唤醒了万民的"维权"意识，从而，叫书店里的一类人收敛点。这效果，能用钱计算？

第二，纠纷本身的收益和损失，有时可不是钱能算清的。如果这一元钱不仅是个心中的"澳门"，而且，不收回来怒气难消，无法继续过活，那么，怎能说打官司的意义不大？对人来说，有时钱不重要，重要的是一股"气"。"气"顶在那儿，不出来，就是怎样都不成。社会还会因此乱套，产生更为激烈的冲突。对这，还另有事实拐弯辅证。在世界上大部分国家里，几乎所有法院都不拒绝小额官司，即使额数微不足道。兴许，法院记得这一问题，记得数额再小，如不过问，有时也会产生更大的头痛冲突。

不过，"成本计算说"可以有效地化解头一个反批评。

如果想张扬权利意识，大可不必拿小额官司来说事。找些大额官司才好。大额官司，在解决"不得了"的纠纷时，依然可以宣传权利到底是谁的，叫钻空子者难以造次。打些经济上划算的大额官司，在刺激权利意识之时，不会带来负面的东西——成本不对称。所以，真要改变中国人的传统意识，大额官司够了。

另一方面，用一元钱官司的方式，在实际生活中大体不会引来许多人的跟随。更多人，是喜欢在旁边看热闹，怂恿他人挺身而出，然后自己获得无形的利益。事实上，在一元钱官司冒出后，不少人便支持买书者挑战书店，可问到支持者自己是否愿意冲锋陷阵，回答大多则是：不会的。在这里，究竟是"维权"意识淡薄，还是"精打细算"扎根人心，还是暗藏其他要比"缺乏维权意识"更为糟糕的什么惰性文化，是不重要的问题。重要的，乃在于这个事实本身——许多人喜欢"敲边鼓"。"囚徒困境"（Prisoner's Dilemma）的社会学经济学模型的说法，在生活中，可以不断找到原版。既然不少人喜好彼此算计，那么，用钱来计算"一元钱官司"的效果，自然是可以的。这对打官司的当事者本人来说，尤其如此。

至于后一个反批评，也即"出气"的问题，"成本计算说"恐怕对其就失语了。

三

必须承认，有人"走向法庭"，是出于"气"。"气"顶在那里，不出不行。本来很有道理，可是遇到不讲理之人，私了又不成，郁闷得很，于是，只好叫法院说个对错。法院发话了，判决自己有理，这口气出得也就非常地道。对方不执行判决，法院还能强制，这更是扬眉吐气。它，有时绝对不是钱可以买来的。所以，对"成本计算说"的第二个反批评，不好对付。

但是，这又使我们返回想到中国人的和众息讼传统。

和众息讼有时是有理由的。

中国人在纠纷上喜欢和解、和稀泥，或者各打五十大板，这盖缘于社会中总有结构十分稳定的熟人社群。熟人之间，要么因为生于斯长于斯，要么因为利益一段时间之内联结在一起（比如合伙做个小买卖），要么因为其他别的什么缘由而彼此朝夕相处，这样，低头不见抬头见，成了生活常项。此常项提出一个问题：死揪眼前的是非好，还是想想将来的彼此关系好？如果因为讲清了是非，彼此之间的熟人情义断了，致使日后的合作泡汤，这恐怕就是顾此失彼了。死判硬断，有时会出现这样的因小失大。

自然，和解、和稀泥，或者各打五十大板，并不意味着全然不讲是非道理。只是讲道理的方式躲避"生硬"两字。是非对错有时要分清，分清之后怎样了断，可以掺入柔性。并且，如果是非实在不易分清，和稀泥就是方便而且最后的选择。不论怎样，解决纠纷的机制，应该瞄向未来。毕竟日后的合作才是打紧的。一元钱纠纷的"模糊"解决，如果增加了关系的和睦，大家更为笑脸相迎，何乐不为？

和众息讼还有另外的意思。这便是，在日常"博弈"交往中，磨合秩序规则。人人时而关心自己的得失，小算盘总要拨拉拨拉。如此，每次纠纷之后，人们便会总结经验，彼此暗中发出"交易规则需求"的信号，避免两败俱伤。于是，一种秩序也就慢慢出现了。今日书店不掏出一元钱补偿一下，明日，买书者就不会来了，其他买书者也会犹犹豫豫。书店的生意，可能因此冷清凋落。日子长了，书店自会晓得利害。当再出现一元钱的问题，其为了信誉，拿出钱来便不会含糊。多次重复，结果就是规矩立在交往之中了。

从这里看去，伤了和气，非要用判决的法子释放"气"，似乎在熟人的社群中，不易造成更好的局面。这点可能需要看到。

接下来，还有自我心理调节的问题。

活在世上，糟心的事情或大或小，总会一个接着一个。事事要求社会来消化，可能性不大。前天人家骂了一句，昨天人家碰了一下，今天人家踩了一下，明天人家可能顶一下……这些可能是不断的。社会没精力也没时间，个个处理。于是，偶尔自我消化就是免不了的。和稀泥，各打五十大板，是外人帮你消化，叫你让一步。自我消化就是自助，自让。概括起来讲，总有事是需要自让的。这对自己当然有个好处。不然，日子过得就会太辛苦，别人也会说你"不嫌累？！"。再者，在熟人社群中，自让也可能带来他让，"彼此往来"，和气生财。这个结局，也当是不错的。

一句话，一元钱的小纠纷，解决的方式是很多的，并非要死盯着对簿公堂。其他方式的解决，可能会换来更有意义的舒畅。

依此来讲，硬要以官司方式来释放"气"，有时并不一定可取。

到这里，可发现，"成本计算说"不能对付的批评，中国人传统中早已有了部分化解的方法。而且，这方法暗中接通了"成本计算说"的理路：在熟人社群中非要斗气花大钱打官司，钱财上入不敷出的同时，还会丢失彼此和气过活的前景。

四

提到"部分化解"，意味着另有问题需要继续纠缠。

小额纠纷，有时，不是出现在熟人社群之中，而是出现在陌生人之间。像一元钱官司中的买书者和书店，实际上，正是陌生人的关系。买书者住在陕西，书店开在北京。双方各自的面孔，对对方都是新鲜的。陌生人之间的关系顶有意思，"机会"两字，可插其间。他们彼此的交易，兴许是一锤子的买卖，日后永不重复。

如果是陌生人，大家的关系总处在流动之间，而且社会总体人数多而又多，那么，前边提到的"熟人关系更重未来"的道理，便要大打折扣。

一来，陌生人彼此既无过去关系的记忆，又无将来关系的期待，凡事类似过眼烟云。假设相信人人大体会有一类的利己动机，那么，便要基本断定，人人都会关注眼前交易的要害。他们一是一，二是二，过数看清，从不含糊。大家不会而且也不大可能惦记将来的"和睦关系"。就算骂脏话，撕破脸，一溜烟儿跑掉作数，仍无大碍。打这浮出的社际关系，交易没有反复性，从而，不会磨合出熟人之间的"行动中"的秩序规则。

二来，一锤子买卖势必引发"短期视界"。加之人多，一辈子撞上一回已是"幸运"的了。于是，做生意，打交道，便易产生"宰一刀""骗一回"的行动策略。书店会设想，自己出错了，但不赔一元钱，这并不会导致其他买书者不再光顾。即便蒙上一回，也不大可能生意全都做不成了。换句话说，供需平衡不会因为"短视"甚至坑蒙拐骗的行动策略而被打破。到这里，对个人，已不是"行动中规则"是否可建立的问题，而是如何逃避陷阱。作为一个个人，擦过"陌生"关系，或许需要打起十二分的精神。

当然，从外在"高处"视角切入，社会管理人的角色，自然难免要积极、强硬，而且事先用文字规则制约陌生人的交易，不能放任；否则，社会交易在大面上，就会混沌无序。在此，官司的意义，应该淹没了和解、和稀泥，或者各打五十大板。

但是，无论怎样，此处并未留给"个人张扬权利"话语的辩理空间；因为，个人通过官司张扬权利，面对的仍是多数利己者，效果多大，还是疑问。个人即便豁出来，勇敢"现身说法"，众人还是静悄悄地喜欢"搭便车"。从这里，前述的"成本计算说"的反驳道理，从另一方面，又可再次露脸了。起码它是提醒"现身说法"的个人：钱财不划算时，更要琢磨"现身说法"的效果。

其实，更为重要的，这里涉及国家管理角色和个人生活角色的分离定位。其中要害，需做简论。面对陌生人之间的"短期视界"、坑蒙拐骗甚至"搭便车"的行动策略，国家需要推出制度安排。国家的角色，决定其不得坐山观虎斗。国家的符号——官府，其滋养来源，大体出自纳税人的腰包。以"社会契约论"的根据而言，纳税的目的之一，正是希冀政府管理的回报。依此来看，国家设计制度，来疏导甚至抑制陌生人之间的行动策略，是"正当性""合法性"的要求。不做，似乎不成。

对个人来讲，就另当别论了。个人，尤其是低层小民，其生计来源，大抵要靠自为。而且，他们的生活是片段、琐碎、日常的。他们没有国家式的责任，而且也无力去做一类"大工作"。由此，其角色定位便与国家分开了。自然，如果个人自己社会道德责任太强，非要演绎权利宣言式的示范作用（"现身说法"），也未尝不可。可也不必非究成本不对称的小额官司。用大额官司来说事，已经足够。前边提过这点。

角色定位的细节清楚了，就要回头再看"自我消化"的问题。

前边说了，活在世上，糟心事情会接续不断。其接续不断使自我消化，在熟人社群中有用。不仅如此，在陌生人关系中那也许更可派上用场。陌生而且人多，遭遇烦心事的概率便会高些。这里，有个正比例的关系。什么事都要较真儿，自然不会如愿以偿。所以，咽口"气"，可能也是顺当过活的一个方式。

当然，反过来，正因为陌生人的关系不存有将来的"和睦前景""彼此共处"的问题，于是，出"气"，将"气"以官司的方式释放出来，也就没有熟人社会中的顾虑了。"气"，其原因是很多的。可在出气之前，总要看看能否化解。这般化解，不是为了外人，而是为了自己。如果不能化解，算清成本之后再作理论，未尝不可。进而言之，到了节骨眼儿上，没辙，不出气就是过不去，自然需要掏出钱来，不惜血本，在官司上决一雌雄，大踏步地"走向法庭"，断清子丑寅卯。反之，则需另寻思路。

五

在陌生人的关系中，用官司出"气"，有时的确是个可理解的办法。但是，还要看到一个与此略微沾边的问题。这个问题，同样重要。

"气"，有时是单纯的"气"，比如被人踩了一脚，心里就是别扭，或者瞧见苍蝇满屋飞，硬是不舒服。这里没有直接显眼的"宏大"问题。有时却不同，它和一种意识形态话语有关。比如，为了本土气节，偏是不买舶来货品；为了男权自尊，决不向女性低头，而是"宁折不弯"……此处便有一目了然的"宏大"问题。在一元钱的官司里，就有"宏大"意识形态话语这一问题。买书者宣称，为了自己权利以及其他消费者的权利，为了"法"字照遍大地，必须向书店挑战，即使比例悬殊地花上许多钱，也要讨回象征"自己心中澳门"的一元钱。

意识形态话语的操纵，显现了。

问题的关键倒在于，当"气"和意识形态话语联系在一起时，在某些情形中，真正"气"的成分少了，直接的自身利益驱动少了。在一元钱的官司里，买书者的"气"并不多，直接的自身利益驱动也不多（否则便不会拿出许多钱来追一元钱）。如果真是为了"气"，为了自身利益，前面说过，这是可理解的。转过来，如果大部分动机裹挟于意识形态话语之中，倒需要仔细琢磨一下了。

其一，对具体的个人，意识形态话语有时并不一定带来好日子，它可能使生活变得失望。这有历史为证。解放初年，小民百姓本可一点一滴地过上自足的小日子，可一种"宏大叙事"的东西，将人们不知不觉地牵引进了"彼岸"轨道。一上轨道，便刹车不及。而时隔不久，小民百姓才发现生活似乎越来越困苦，自己的生活，远比想象来得糟糕。这是多年以后人们才反省的一个例子。其实，就算在一元钱官司里，买书者也是为一元钱，最后花去了两千元左右。这当然是损失了。在通常情况下，对买书者个人，两千元自然要比一元钱更能带来好日子。但是，一种意识形态话语，不知不觉地将这逆转了，将两千元"扔掉"了。

其二，意识形态话语在"放逐"一种利益的时候，有时暗中却输出了他者利益。这话语有时所以具有不可阻挡的显赫操纵力，正是因为，它与某些阶层集团的需求动力具有"同谋"关系。在一元钱官司的运行中，买书者请了律师，在法院所在地吃住了，实际上还不断地通过交通工具穿梭于路途之间，这其中就有了律师费、食宿费、交通费，等等。显然，一些阶层集团正在等待这些财富的进账。而意识形态话语的推波助澜，的确可以使财富从一处流向另一处。现在深层困惑问题不能回避了：在财富流动的背景中，对买书者个人，怎能说"官司权利"意识可以通过经济学的"外部性"，实现公平正义的伸张？意识形态话语，有时实际上在做另外一种不太光彩的事情。

当然，这世上，也会出现律师放弃代理费，餐馆免去饮食费，旅店放弃住宿费，汽车、火车甚至飞机放弃交通费，来张扬一种意识形态话语的景观。可是这等作为的前提，依然是这些阶层集团基本存活不成问题，而且效益有余。在大面上，它们不会让小的"得不偿失"破坏了自己的"整体前景"。生活，对它们，总是实在的。

话说到这里，可以想见，"成本计算说"、中国人传统中的自让和个人的社会角色定位（相对国家），无形中又可帮助买书者个人，去抵御意识形态话语的负面操纵。

六

最后再唠两下。

在大媒体的清谈节目之中，不少人赞扬买书者的小额官司行动，说精神可嘉。而我不以为然，泼了一点凉水，说这官司兴许没有必要去打。我总在设想，在推行现代性法律方案及话语的时候，

"官司成本计算说"、中国人传统中的一些过活方式，以及个人社会角色定位的自我意识，对低层的小民个人究竟具有何种意义。兴许，对他们，法治的目的不单是"法治"，而是为了生活得更好。

"法学家"在近代 [1]

> 社会一方面愿意驱使人们不断专业化，另一方面又总是担心他们过于专业化。[2]

出于研究的需要，一段时期，我对近代法学以及法学人物的一些情况时有注意。日子多了，一个问题不时出现我的面前：对于近代一些人物，我们应当怎样前缀大名？我的意思是指，我们应当用什么"家"来称呼他们？问题似乎不是问题，只是，较真儿起来还真有点可说的。这对"法学家"一词来说，可能尤其如此。

先看例子。梁启超是个出名人物，说他是政治家、思想家、社会活动家，没有疑问，听起来顺耳，这是习惯。翻翻关于近代历史的书籍，既不能不提他，也不能不这样称呼他。此人当然了得，以现代学术分类来看，不论哲学、文学、政治学、史学，还是经济学、社会学、宗教学、伦理学等，都有涉猎，而且颇使现代学人心存嫉妒。说他是哲学家、文学家、史学家，甚至政治学家、社会学家等，虽说有点不大对劲，但也基本有些习惯了。然而，说他是法

---

1 原载《书城》2005年3月号，第62—63页。现略修订。
2 涂尔干：《社会分工论》，渠东译，生活·读书·新知三联书店2000年版，第6页。

学家，便不免有些让人犯难。毕竟过去压根儿没人这么说过。对于我们研习法学的人，更多是将其和"变法维新"联系起来的，再多一步，则知除了上述某些哲学社会科学之外，由于有阵子时局吃紧，梁启超曾出走国外避难，其身上挂满政治活动分子的"形象logo"。

时代是会变的。历史人物在我们心中也会变的。

这两年见到一本书，名为《梁启超法学文集》，此书列入一个文库——《二十世纪中华法学文丛》，是由颇为正规的"政法大学"出版的。[1]盯住看看，便知道梁启超该是"法学家"了。的确，编者说应当记住"作为法学家"的梁启超。[2]再将《文集》翻翻，仔细读来，觉得其中文字颇有"现代法学家手笔"的意思。说个细节。梁对"法"字之语源，很有考究，称"法"字可源参《说文解字》，与"刑"有关，"平之如水，从水"，而且与"律""典""则""式""范"等意有关，梁并给出了精巧的解说注疏。[3]可以指出，后来中国法学著述（一般著作文章特别是教科书）只要提到"法"字的意思，叙述解讲，与"梁说"十分相仿，干脆就是"梁说"的翻版。

以为梁启超只是个案，所以又去翻阅另外资料。发现，类似者仍有。张君劢、胡汉民等即是。张君劢的法学文章写得漂亮，很是

---

1 梁启超：《梁启超法学文集》，范忠信选编，中国政法大学出版社2004年版。
2 见范忠信：《认识法学家梁启超》，《梁启超法学文集》，第1—2页。
3 见梁启超：《梁启超法学文集》，第77—81页。

专业，尤其长于宪法之类，故近来已有学人拿其法学理论说事。胡汉民在高举三民主义的时候，也是细说法律肌理，亦有行道，当年其学说受到批判之际，是被当作法学业内人士来对待的。还看到方孝岳，其写有《近代法律思想之进化》，载《东方杂志》1921年十六卷十八期。文章写得不泛，梳理精细，近代法学重点都有渐次的评说。另外方孝岳编译了《大陆近代法律思想小史》，分为上下两册，1921年和1923年分别初版，没过几年又再版三次，很是畅销。此书源自英文 *The Progress of Continental Law in the Nineteenth Century*[1]。英文原著作序者有三位：威格摩尔（John Wigmore）、波洛克（Frederick Pollock）和鲍查德（Edwin Borchard）。他们是清一色的法律学者。英文原著部分译自法文。法文作者和英文译者也是正宗的法律学者，像（法文作者）狄骥（Leon Duguit）、沙尔蒙（Joseph Charmont），还有（英文译者）雷杰斯特（Layton Register）和布伦肯（Ernest Bruncken）。通过中文译著，可以看到细节的法律制度和法律思想，看到讲究技术性的法学，当然又不乏宏观的社会背景交代。不过，现在都说方孝岳是文史学家，网上以其名作关键词查询，莫不如此。

如果梁启超可称"法学家"，那么有何理由说张、胡、方等不是？

后来继续翻阅资料，包括其他学科的相关资料，发现一个现

1　《19世纪欧陆法律发达史》，Boston: Little, Brown and Co., 1918。

象。要是文学专业人士提到梁启超，除了"思想家"外，一般首先说他是文学家，要是政治学专业人士则首先称梁启超为政治学家，依此顺之……换句话说，各专业人士基本首先以自己专业确定梁启超的"……家"冠名。说起张君劢、胡汉民、方孝岳，基本也是这样。看来，法学专业人士说梁启超是"法学家"，进而说张君劢、胡汉民、方孝岳是，自然没有什么特别奇怪的。专业视角总会而且必须发挥作用。行业队伍的发展壮大，是靠业内分子的"……家"命名运动来实现的。

另一方面，清末民初，百科全书式学问盛行，梁启超已经开了先例，后来者则频频跟进。这是当代人已经承认的。学问做到一个份上，自然可以在各个领域内"通吃"，哪有学问之理互不相通的？的确，以法学来说，其学术运作，基本上是在法律之上寻理推论，其特别之处只是"围绕法律来转"。其他学问也是这样。政治学不就是围绕政治来转？经济学不就是围绕经济来转？管理学不就是围绕管理来转……既然除了特别之处，皆为寻理推论之事，那么以康德主义来论，推理能力是"先验"的，于是，稍有训练熟悉，自然可以无所不通，剩下需要打理的事情就是确定所谓专业的基点：比如法律、政治、经济、管理……从近代相当一些中国学者的学术实践考察，他们是相信这点的，否则，他们不会那么"百科全书"。如此，就给当代人发挥专业视角，要么冠名这"家"那"家"，要么冠名"法学家"，提供了左右自由的历史平台。

但是，这些不是最关键的。最为关键的是，近代是个内外交融、地覆天翻的时代，因为社会问题杂多，故而主义标榜辈出，知识分子透露了特别的"公共化"。当 1926 年北京出现悬挂外国国旗事件的时候，还有 1930 年代初期的牛兰事件以及后来更为明显的沈崇事件，当然还有其他形形色色的种种争执，各类知识分子只要有工夫，情绪稍有调动，无一不站出说上几句。

社会问题的纠葛，时常和法律有着联系。说到根子上，许久以来，由于作为制度的法律总是在场的，如果要解决纠葛甚至纠纷，则必须在法律上思考一番，人们并且经此可以拿出一个观点。就像今天一样，当出现了孙志刚案、刘涌案、消费纠纷案，甚至一般笔墨官司，还有争执一项教育收费是否合理……的时候，只要相关法律条文拿到桌面上，一般知识分子可以读到，并有兴趣，挑起神经，那么，提出个法律分析不说特别容易，也是并不怎么困难的。在此，知识分子的特别公共化，是和法律问题本身的时常公共化有着密切联系。法律的技术一面，只是表象，通常是个"查阅资料"的工作，也就是查阅有关的规定。一般来说，条文不至于让一般人读不懂。于是，读到了条文也就等于"查阅到了资料"。剩下的事情就是"持之有据"的论理。所以，在法律问题公共化之上实现知识分子的言说公共化，并不存在特别的专业障碍。而说多了，说得到位，并且常有法学行话的外表包装，论理也就有"法学家"的味道了。

在这个意义上，法学，以及由此而来的"法学家"，尽管和社会分工及"学历出身"有着联系，然而，就最为关键的方面而言，实在是个社会实践的问题，倒不一定是个纯粹的"名实"或者"名分"问题。"名"是可以说的、打扮的。在近代，这可能尤为如此。故而梁启超，还有张君劢、胡汉民、方孝岳，以及其他近代人物，如果可以当作"法学家"，则用马克思主义的意思讲，他们是社会实践的产物。

民国法学家的"一种生活"和其法学 [1]

> 即使具有歌德那种层次的人格，如果仅就他的艺术而言，如果他任性地想把自己的"生活"也变成一件艺术品，后果会不堪设想。[2]

一日，翻读林语堂之女林太乙撰写的《林语堂传》，看到这样的文字：

> 民国二十四年……英文 T'ien Hsia Monthly《天下月刊》在上海创办。这份杂志由温源宁主编，语堂、吴经熊、全增嘏、姚莘农（克）等任编辑……那时的男人，有的从不带太太出来应酬，有的是带的。吴经熊不带太太出来，温源宁是带的。语堂也是带的。[3]

其中提到的吴经熊，用常用术语来说，是位"法学家"。今天

1 原载《书城》2005年8月号，第69—72页。现略修订。
2 马克斯·韦伯：《学术与政治》，冯克利译，生活·读书·新知三联书店1998年版，第26页。
3 林太乙：《林语堂传》，中国戏剧出版社1994年版，第123—124页。

法律学人颇为乐意讨论吴氏，以其为民国法学的骄傲，更有甚者认为他是"大师"，宣称，无论当时还是眼下的法学操作者几乎没有可以与之比肩的。关于其学问的文章，好像一批接着一批，不曾歇息，还有攀升之势。

吴经熊的法学学问究竟如何，深说起来，不好下个结论。就像其他学科一样，说一个人的学问如何，可能见仁见智，尤其是以时下的学术标准看去，当时的学问水平问题，实难说个一二。毕竟，学术标准本身都是变化的，此一时彼一时，有着"时代"标志。

本文只想略谈一下吴经熊的"生活"与其"法学"的某种关系。前面传记中提到，吴氏是不带太太出来参加社交活动的。这是一种"生活"的点滴象征。"生活"中的方式，可能与其"法学"有点联系。谈联系，是在做一个有趣的话题。因为，我们现在已经认为，讨论思想观念，是要在语境中展开的，而语境不仅需从社会大方面来说，而且需从社会微观小方面来说。微观小方面就复杂了，包括诸如"不带太太出来应酬"等。这不是小题大做，猎奇作炒，而是更为精致的"经验实证"的学术作业，也称学术时尚。

当然，这里提到的"生活"，主要是指有点粉色意思的情感生活。

一

吴经熊写过一本书，叫作《超越东西方》[1]，里面，谈到了自己的思想变化，还有感情变化，十分坦白，一切都在明处，很是难得。就感情言，其中先说了他的太太。他与太太成婚，是父母做主。一次聚会，亲家的老爷子看中了还是少年的吴经熊，认为是未来的绝佳女婿，于是，和吴家老爷子商量，希望两家联姻。吴家认为门当户对，很快拍板。但是，吴经熊当时只是个少年，对女性仅有好奇，根本就不知道"妻子意味着什么"。他太太就更迟钝了，认为"丈夫的意思是指吹牛"。[2]可想而知，这样两个人在一起除了生孩子还会怎样。的确，两人婚后生了十三个孩子，吴氏只是颇有感触地说："妻子成了我的好妈妈。"[3]

莎士比亚（William Shakespeare）在《威尼斯商人》（*The Merchant of Venice*）里借拿利萨（Nerissa）之口说过一段话：

有句老话真不骗人（The ancient saying is no heresy）：

"杀头和娶妻都靠命运"（Hanging and wifing goes by destiny）。[4]

---

1 周伟驰译，雷立柏注，社会科学文献出版社2002年版。
2 见吴经熊：《超越东西方》，第53页。
3 见吴经熊：《超越东西方》，第53页。
4 莎士比亚：《莎士比亚全集（9）·威尼斯商人》，梁实秋译，中国广播电视出版社2002年版，第90、91页。

　　吴经熊在自己的书（《超越东西方》）里提到了这段话，他的翻译是：

　　古话说得没错（The ancient saying is no heresy），
　　上绞刑和娶亲都是命定（Hanging and wifing goes by destiny）。

　　而且吴经熊紧跟着提到自己的"娶亲"。[1]
　　在此，根据吴经熊的翻译，"命定"是一回事，将"上绞刑"和"娶亲"两个表述并列起来在叙事策略上是另外一回事。并列，也就提示了若干隐喻，至少可能引发读者阅读联想，比如，联想是否前者有如后者，或者，后者有如前者。对吴经熊来说，这个婚姻虽然必须维持、维护，因为"娶亲，却完全确信凭的是天意。也真有一句中国谚语说，'姻缘五百年前定'，这是我从小就熟悉的"；[2]此外，因为太太是个好太太，除了大字不识、没有情调之外，挑不出一个不是，然而，这个婚姻终究是一个走向窒息活力的婚姻。所以，阅读并列在一起的"上绞刑"和"娶亲"两个表述的结果，对一般读者来说，如果再想吴氏娶亲，可能就会联想吴氏"娶亲"有如"上绞刑"。其实，对吴氏本人来说，"娶亲"在冥冥之中压抑着他的另外一面——激情。如果再提前面说到的"不带太太外出应酬"，那么，"娶亲"表述的隐意本身，在这里，已经

1　见吴经熊：《超越东西方》，第52页。
2　吴经熊：《超越东西方》，第52页。

指向了"不带"的部分缘由。

略说"上绞刑"。

用今天人们熟悉的法律分类来讲，"绞刑"是刑罚的一部分，归属刑法。大多认为，刑法中规中矩，一丝不苟，关于其学问也即"刑法学"也来不得半点飘逸发挥。如果吴经熊恪守这段婚姻，从一而终，将"命定"进行到底，认了，那么，其可能就是一个经院式的步步爬格的颇为类似刑法学家的法学家。大体上看，刑法学家是规矩的，不那么潇洒恣意，在学问上，一则摆一，二则摆二，像推导数学命题一般来论诸如"绞刑"之类的问题，不作想象；就其生活而言，也多是稳稳当当，不出轨外，拒绝浪漫。这意味着，其学问和生活两方面是相互对应的。当然，这仅仅是大体上看。概括来说，"上绞刑"在这里暗喻了规规矩矩的"法学"和"生活"的相互勾连的谱系。

自然，吴经熊走的是另类的道路。换言之，有趣的是，吴氏尽管听凭天意，维护婚姻，但是打结婚那天开始而且在以后读了上述莎士比亚的文字就说道："我对绞刑一无所知。"[1]他似乎在说，自己不能而且也不可能一棵树上吊死。不仅在"生活"上，并且在"法学"上，为什么要中规中矩？刑法学是法学，可刑法学之外没有"可以浮想联翩"的其他法学了？

---

1 吴经熊：《超越东西方》，第52页。

二

关于初学法律，吴经熊曾经回忆：

> 正当我考虑人生前程时，我的一个同学，徐志摩跑来告诉我他决定了去天津北洋大学学法律。他问我想不想跟他一起去，我一听到"法律"，心就跳了起来。在我看来，法律是社会的科学，正如科学是自然的法律。"好主意！"我说。因此，我们决定参加在上海举行的入学考试，两个人通过。其时为1916年冬天。该年四月我已结婚。[1]

徐志摩，是过于浪漫的诗人，总在打破既存规矩。说起来，学习法律的人，尤其是年青时投身法学作业的人，应该是挺规矩的，法律是"科学"，非常严谨，不能"跳跃"。但是，事实上，学完法律后成为十分浪漫的作家诗人的大有人在。就外国说，起码可以提起作家卡夫卡（Franz Kafka）；就中国说，起码可以提起现代诗人海子。徐志摩本人更是如此。看来不是法学的正统教育可以规训人的心灵；其实，无法规训，人的心灵，是有自己种子的，是有自己路线的。尤其当个人"生活"依然故我，继续开放，拥抱浪漫，那么，法学规训则更是另外意义的相反催促剂。

对吴经熊来说，虽已婚娶，但徐志摩依然是一个意喻。两人成

---

1 吴经熊：《超越东西方》，第51—52页。

为好友，说明两人心思颇有相通之处。吴经熊也喜欢文学性的文字，也像徐志摩一样对诗着迷，写诗，译诗，而后在自己其他文字中大段地引用诗，以至后人也有提到吴经熊是诗人或者文学家。两人在年青时，都是这样，充满想象，只是徐志摩后来更为奔放彻底地走向了诗，吴经熊则在法学中印入了诗的痕迹。

值得注意的是，两位好朋友，在家庭婚姻上，就像"纯粹的诗"和"法学的诗"的分类一样，前者徐志摩，不断地革命，使婚姻情感纯粹地浪漫；后者吴经熊，则是在维护家庭婚姻的前提下，不断地"在外飘动彩旗"，使婚姻情感"法学地"浪漫。提到"法学地"浪漫，是因为，法律的作用即在维护现存的秩序。就个人言，维护家庭婚姻就是遵从了现存法律的品性。法学联系着法律，而法学又要根基性的规矩，就如总需 N 个中心、N 个基本点。

现在来看吴经熊的早期法学。

1920 年，二十出头的吴经熊在东吴大学法学院毕业后即来到美国法学院。一年，便拿下美国的 J.D.（法律博士）。当年在美，吴氏最崇拜的就是霍姆斯（Oliver Wendell Holmes）。霍姆斯是美国历史上颇为出名的联邦最高法院大法官，思想怪异，凡事总和他人唱反调，任何一个判决，都要说说自己的不同看法。他有两句名言，为后人不断挂在嘴边，一是"法律的生命不在逻辑，而在经验"[1]，

1　Oliver Wendell Holmes, "Book Review". *American Law Review*, 14 (1880), pp. 233, 234; Oliver Wendell Holmes, *The Common Law*, ed. Mark Howe, Boston: Little, Brown and Co., 1963, p. 1.

二是"看法律要从坏人的角度看"[1]。其中学问有点深奥。但有一点很清楚，法律不是数学般的逻辑，而是缓慢发展的，经由经验积累，自然伸缩。至于"坏人"一说，是讲以坏人心态去理解法律，才是比较准确的；因为，坏人总是预测结果，并不老实地遵守法律文字，而世上没有多少人是老实遵守法律文字的。这些名言，颇为切中要害，只是比较"浪漫"。

吴经熊崇拜霍姆斯，缘于当时美国法学院的教授都在谈论霍姆斯（当然还缘于自己浪漫的心灵种子）。吴经熊自己承认，那时十分虚荣，心念功名。正因如此，吴经熊又和霍姆斯不断联系，最后两人居然结成忘年交，书信一箩，后在《天下月刊》上，吴经熊将其大力刊出，告知世人。[2]

就在这段时间，吴经熊没有和太太联系。

1922 年，吴经熊来到德国，从当时执德国法学牛耳的施塔姆勒（Rudolf Stammler）研习法学。施塔姆勒和霍姆斯极为不同，讲究逻辑，崇拜数学，将法律视为<u>丝丝入扣</u>的一个结构，颇有"刑法学家"的意思，绝无"浪漫"张扬。也是因为施塔姆勒太权威了，吴经熊对其照样崇拜有加。

没过多久，吴经熊回国了。回国的第一件事是见太太，同时回忆施塔姆勒。

---

1 见Oliver Wendell Holmes, "The Path of Law", *Harvard Law Review*, 10 (1897), pp. 459, 461。

2 见*T' ien Hsia Monthly*, vol. 1, 1935, pp. 251-302。

在法学上，这时的吴经熊的最大愿望是将霍姆斯和施塔姆勒的思想融合起来，写了一些论文，无一不是试图搓糅霍姆斯和施塔姆勒的想法。其中所表达的思想，既求洒脱的思想，也求严谨的构建。这一阶段，婚姻的影子，应当说伴随着他的游学和归来，伴随着他的法学思考。而婚姻既是"命定"，也是需要冲破的樊篱。

三

前面提过婚姻上的"法学的诗"。其实，从法学看，即使法学再有诗的痕迹，其依然是法的学问，根子上是不能诗化的，有如上述"需坚持 N 个中心或基本点"，否则就像徐志摩一样不仅彻底地丢弃了法律，而且不留任何法律痕迹。所以，在婚姻上，吴经熊是一定要"见太太"的；在法学上，吴经熊就更不能效仿徐志摩。

然而，引发变化（不是根子上的变化）总是可以的。

回国后的吴经熊，虽说"见太太"，但因为"海龟"吃香（那时就像现在一样很是拿回国人员当回事），春风得意，不仅当教授，而且当法官，甚至当大律师，名誉和钱财就像发大水一样不可抵挡。[1]吴经熊说：因为鲜花簇拥，"我已经变成了一个不折不扣的花花公子。有两年半的时间，我每晚都要出去应酬"[2]。

---

[1] 关于吴经熊的经历，参见王健：《超越东西方：法学家吴经熊》，载《比较法研究》1998年第2期，第219页。

[2] 吴经熊：《超越东西方》，第153页。

针对太太，吴经熊提到：

我后悔娶了这么一个大字不识的老婆，她在我的理智、社会和政治活动上都帮不了我……有那么一两次，我达到了提出离婚的地步，这样好找一个有教养的妻子，像许多人做过的那样。但只要她一答应，我就心软了。因为良心告诉我这么做是错误的。[1]

家里的"红旗"尽管倒下去了，但是还要尽力使其好像"还在"。

怎么办？

另外去"花楼"（《超越东西方》用词）。"花楼"是吴经熊晚餐应酬之后的"第二场"。不仅出入"花楼"，而且吴经熊后来认识了一个上海女孩，喜欢死了，执意要纳为妾。那女孩也是相见恨晚，非吴经熊不嫁。但太太反对，意思是"有她没我，有我没她"。最后还是家庭婚姻占了上风，上海女孩只是持续浪漫生活的一个配角。这种生活一过就是多年。

小四十的吴经熊，在这段时期的法学操作中，增加了"诗"的成分，更为相信法律是社会化、经验化、历史化的事业，和数学般的逻辑既有联系然而更存有距离。在一篇文章中，吴经熊提到美国威格摩尔的看法并表赞同："法学家同时也须研究哲学，社会学，

---

1 吴经熊：《超越东西方》，第155页。

经济学——什么不应学呢？"[1]在一个法学文集序中，他干脆最后
写下几句古希腊旧诗以兹同勉：

> 彼覆舟葬斯岸之船夫兮，
>
> 泥君兮放帆行；
>
> 当吾侪甘作前驱之牺牲兮，
>
> 其长风兮扬美艇，
>
> ……[2]

　　法学写作到了这个份上，已经不单是搓糅哪家学说和哪家学说
的问题了，也不单是结合"经验"和"逻辑"的问题了，思绪的开
放，是多方向的，想象占有了更大的成分。这应该说是"一种生
活"恣肆的延续。此时的"生活"，也是瞄着多方向的，不仅瞄着
家庭婚姻，而且瞅着"花楼"，还有什么什么女孩……

<h3 style="text-align:center">四</h3>

　　吴氏的"一种生活"和其法学的联系是看得见的。

　　"生活"来自欲望释放的本能和企图，在释放的过程中，如果

1　吴经熊：《关于现今法学的几个观察》，载吴经熊、华懋生编：《法学文选》，中国
政法大学出版社2003年版，第90—91页。

2　吴经熊：《序》，载吴经熊、华懋生编：《法学文选》，第III页。

全无障碍，如鱼得水，那么，法律就在一边了，法学同样变成更显无拘无束的其他学问了，比如文学、诗学。吴氏终究是法学家，因为，他没有完全释放，或说释放过程遇到了一些障碍，这障碍有时又是内心的，也即他说的"良心"和"命定"。于是，思想中就总是产生了法学所需要的"边界"。然而，随着"生活"逐渐进入浪漫，并且事实上吴经熊的"生活"也的确逐步显得放浪形骸，即使守住了具有法学象征意义的家庭婚姻，这人也要在法学中开辟新的带有诗化色彩的思绪空间。

当然，没人否认，"生活"和法学的联系不是必然的。有的"生活"放肆到了发指，然其法学却有如铁板。有的"生活"规矩到了极点，然其法学却有如云飘。但是，这依然可能是个别的。"生活"和法学作业都来自心灵，当心灵是一个或一种时，心灵通常不会只在一个方面作如是状，比如，在感情婚姻上就是一个死心塌地，而在作诗上或其他思想活动上则不是海阔天空，它总要在各个方面表达得比较一致。说得更具体，比如，如果打算不断冲破，那就在各个方面不断冲破，遇到阻碍，则是客观问题，或有时是"良心"或"命定"之类的内心问题。依此看，有人"生活"放肆而法学颇为缩手缩脚，那也多半可能是客观条件不太照顾，或说是个"贼心贼胆"的问题，当然，还有虔诚的心灵问题。这么理解，就可认为"生活"和法学的联系是个有意思的话题了。

深说一步，从社会群体看，如果"生活"太过放肆，那么法学最终可能自我瓦解。因为，人人"生活"太过放肆之日，就是法律制度崩溃之时，法律制度崩溃，法学也就失去了存在的意义，没有人还会认为法学有用。如此，"生活"和法学既是平行的，又是前者指使后者的。

最后说两件事。

头件事是徐志摩早年在德国和张君劢之妹张幼仪离婚时，证明人有两个，一是金岳霖，二是吴经熊。金岳霖终身未娶，只想一女（大家都知，林徽因），成逻辑大家，类似前面提到的"刑法学家"；吴经熊则如上所说，成飘逸的法学大家。后一件事是吴经熊四十一过没几年，皈依基督教，十分虔诚，抛弃了以往的一切。对吴经熊，"一种生活"不在了，法学也不在了，自然也没有"带不带太太外出应酬"的问题了。[1]

---

1 全文之中，未注明的所有历史事实，均见吴经熊《超越东西方》。

村学乡学

——一种乡村制度的话语构建 [1]

……现在趁这老根还没有完全朽烂的时候，必须赶快想法子从根子上救活他；树根活了，然后再从根上生出新嫩芽来，慢慢地再加以培养扶植，才能再长成一棵大树。等到这棵大树长成了，你若问："这是棵新树吗？"我将答曰："是的！这是棵新树，但它是从原来的老树根上生长出来的，仍和老树为同根，不是另外一棵树。" [2]

民国时期，梁漱溟曾为山东邹平县的乡下人做了两次演讲。之后，有人将其合成了《乡村建设大意》。演讲到最后，梁漱溟提到一类乡村组织——村学乡学，并以为，它是乡村制度建设的"清醒"进路。这组织，比较有意思。套用梁漱溟自己的隐喻来说，它可讲"是棵新树，但它是从原来的老树根上生长出来的，仍和老树

---

1 原载《天涯》2002年第6期，第44—48页。现略修订。

2 梁漱溟：《乡村建设大意》，载《梁漱溟全集》（第一卷），山东人民出版社1989年版，第612页。

为同根，不是另外一棵树"[1]。

　　当年演讲的历史语境，和眼下有些近似，一来中西制度话语相互浸溶而又相互抵制，二来都见有"自治制度"在乡村的发育涌动。这样，解读"村学乡学"，也就不免有了一点意义。

一

　　中国太大，而且主要是"积乡而成"[2]。广袤且主要是乡村，便使沾染不少城市色彩（民国时期）的国家法律制度运作起来不太灵便，或说鞭长莫及，直至形同虚设。国家法律用文字写了出来，自然需要人力传送下去，执行下去，并且，需要一种大背景的文化意识形态作为潜层支撑。可是那个时期的民国，正像许多人认识到的，在传统经济的产出能力上捉襟见肘，无法提供足够的人力所需的钱财支持。在文化意识形态上，也是非常叫人头痛犯愁：乡民村民在灰色的幕后一方面拨拉着小算盘，另一方面，抱守着人情礼治的陈年老套。于是，政府到底像不少朝代皇权所做的，推出了"地方自治"策略：留出相当政治空间交由地方自己管理。

　　"地方自治"，在乡村就是乡村自治。

　　乡村自治的基本路数，是今人熟悉的。毕竟眼下"村民自治"

---

1 见梁漱溟：《乡村建设大意》，第612页。梁漱溟的重要相关系统著述，另见梁漱溟：《乡村建设理论》，载《梁漱溟全集》（第二卷），山东人民出版社1990年版。
2 梁启超：《先秦政治思想史》，东方出版社1996年版，第224页。

的运动也有一段时间了。

自治的头条，兴许是多数议决。大凡村事乡事，大家要开会表决，之后，立下文字规矩。无论怎样，不能一人说了算。否则，可说是"政治侵权"——侵犯了村民乡民的自治权利。二是对领路人有个制约。领路人，比如村长乡长，出了毛病，村民乡民不喜欢他了就可以罢免废掉。这是外部制约。另有内部制约。像乡里有乡公所、监委会（在民国时期）一类的组织角色，它们相互看守，注意彼此一言一行。而监委会，还注意乡长的一举一动，发现腐败苗头，立刻揭发公布于众。三是，村社头头可以将犯法的村民乡民抓起来。只要有人不把国家法律当回事，或者，硬顶县区的命令规章，视自治公约及公众决议如儿戏，头头就可以按住扭送，交由官办。再下来第四，还有一个纠纷调解委员会。调解委员会几乎是我们今天基层最熟悉的了。这委员会的用意，是想在村民乡民打官司之前，便将纠纷的势头压下去。委员会有个机构，还规定了一些手续，虽讲不提"判决"两字，但要分清是非，按部就班地劝说各方各让一步。

说来，这些基本路数，都和法治或法律的意思有些相合。其实，至少就头两项来说，那可是一类在西方国家并不少见的政治设计。如此，在中国的各个乡村，人们似乎就看到了星罗棋布的小型"准法治国"的影子。民国政府，有这个意思。

梁漱溟不以为然。

他说，乡村自治的路向不错，只是路数不对。大一统的国家法律秩序肯定会是费力不讨好。可是，这不意味着，小而全的"准法治国"，可以散布开来。散布开来的结果就是破坏了中国文化的老根——乡村。几十年来，"先从沿江沿海通都大邑破坏起，才渐渐地延及到内地乡村……先从叶梢焦枯起，才渐渐地焦枯到身干老根"[1]。因为，那路数，终究是西化的"缩小"输入，它自然会断送中国人的老道理。而老道理又是国人过活的根本。拆开来讲，老道理正是一套套犹如陈年老酒一般的依然有效的规矩、制度和道理。[2]

"我们相信，中国的老道理是站得住的。从粗处看自然是有许多要改变的地方，但根本深处细处是变不得的。"[3]

二

为什么变不得？

两方面说。一是我们村民乡民的习性情感。二是自然而然的理由。

梁漱溟以为，就拿多数议决来讲，它就和我们古往今来的尚贤尊师的风气不合。[4]贤人师长，总是明理知故，经验丰富。多数议决，自然会无形地抹杀那类"地方性"的智慧。之外，这多数议决

---

1 梁漱溟：《乡村建设大意》，第613页。
2 梁漱溟：《乡村建设大意》，第613页。
3 梁漱溟：《乡村建设大意》，第614页。
4 梁漱溟：《乡村建设大意》，第698页。

还会助长个人权利意识的膨胀。权利想得多了，人们就爱分争。可内忧外患的"此刻中国所最需要者为结团体"[1]。权利意识，还有更大的毛病，这便是，你讲人人自有自由权，那么，许多陋习就割除不掉。比如妇女缠足，一定是个陋习，但鼓吹个人自由权，缠足妇女就会当面对你说："脚长在我腿上，怎么折腾是我自己的事，没碍着他人。所以，关你什么？！"这话显然会着实令人里外不适。

再拿乡民有权罢免乡长来说，有人可以当上乡长，自是因为原本就有体面，乡民村民个个信他服他。但是，来个内部及外部制约，在他出些毛病的时候，由监委会一捅戳穿，再由乡民一撸到底，摘掉乡长之冠，太叫人难堪了。乡下人讲情义，讲面子，那样一种方式让乡长无法活下去，而且，叫乡民村民越来越减少温情，大家之间的向心力，随之飘散。[2]还有，不留情义面子，乡长就不会时常扪心自问、良心发现，唯恐做出对不住乡民的事情，倒会暗自嘀咕："管他那么多！反正稍有不是，没人同情。倒不如聪明地能捞就捞！"

反过来，乡长对乡民说拿办就拿办，也是太无情义。乡长与乡民，都是生于斯长于斯，低头不见抬头见。乡长有体面，有分量，这体面分量可以帮助乡民弃恶从善。非要扭送官办，也就没有了师长的温情尊严以及号召力。"本来一乡一村即等于一家，一家之中

---

1 梁漱溟：《乡村建设大意》，第698页。
2 梁漱溟：《乡村建设大意》，第704页。

彼此应当有情有义，乡党邻里之间也是一样，不能用强硬的法律解决的办法；一用法律则有伤情义了。中国人尤其是乡下人情义特别重，对这种有伤情义的办法如何能受得了？"[1]

　　调解委员会也有问题。这调解，要手续，要程序。所以，它"与法庭仍是一气，不啻为法庭的下一级；但中国乡村的事却断不能用法律解决的办法，必须准情夺理，以情义为主，方能和众息争；若强用法律解决，则不但不能够调解纠纷，反更让纠纷易起"[2]。村里乡里通常不见人口的迁移，终老是一块土地，打这更多出现了熟人社会。熟人之间，恰是需要看到纠纷之后怎样继续相处，而不是非要究个是非上的你对我错。和谐的生活，是要连续下去的，即便对错含糊不清。

　　说到习性情感和自然而然的理由，更为重要的是后者。

　　在梁漱溟的眼中，恰是缘于后者，那个时期的西洋风气也在转变着，不纯是清一色的"法治自治"。

　　梁漱溟断定，诸如多数议决的规矩，在西洋也是打中世纪以后才浮出的。启蒙理性的催发，使洋人倍感"自我"的第一性。这类第一性，也使个人理直气壮地参与社群事务。可个人有权发言，便容易因意见不同而争论。相持不决，又使事情没办法行进。于是，洋人琢磨，"要想大家不致老是争论不已，不得决定，那就得多数表决。多数表决了，大家一致遵行，便可以省却了多少争论麻烦，

1 梁漱溟：《乡村建设大意》，第704页。
2 梁漱溟：《乡村建设大意》，第706页。

这实在是一个最省事的办法"[1]。但是，人们需要知道另一面的道理："多数表决固然是省事，而多数所表决的不一定就算是对。"[2]故而转来转去，洋人还是明白了多数议决的双刃性。最后，他（她）们依然给"知识科层"留出一块权力的地盘，由其定夺作数。[3]

"在这里我们就可以找到一个中西的沟通调和点了……尊师，尊尚贤智，实在是人类社会中的一个必要。"[4]

如此讲来，中国老道理的深处细处，不应变。

三

当年的"地方自治"，不足夸耀。像惯常流传所说的，新鲜的西洋人规矩，不仅没有给中国乡村带来生气，反而使原有的礼制田园秩序崩溃了，村民乡民不知所措。它毁掉了中国文化的老根，那老根又在于中国的老道理。老道理有自然而然的一面。就连西洋人，也是回过味儿来了。梁漱溟抓住了此处要害。

接下去怎么办？老道理深处细处变不得，但是，有些浅处粗处还是要变。

这样，一种新的乡村制度——村学乡学，凸现了。

---

1 梁漱溟：《乡村建设大意》，第660页。
2 梁漱溟：《乡村建设大意》，第660页。
3 梁漱溟：《乡村建设大意》，第661页。
4 梁漱溟：《乡村建设大意》，第661页。

　　村学乡学是个组织。里面有学众、学长、学董和教员。学众，当是村中乡中男女老少一切人。学长，品德高尚，操守数一数二，可以替代原有监委会的位置。学董则是八面玲珑，办事麻利，大体是个村长乡长的意思。教员，专门跑腿，将外边的知识传送到村里乡里，并将本村乡的难题递交到有学问的人手中。

　　这"村学乡学"语汇中的"学"字，很重要的。它嫁接于老根，又是老根里挤出的嫩芽。"学"字表征着"向上求进步"，同时，表征大家"为了一个共同的目标，有秩序地向前走"。[1]其细致意思有三。头一个，大字不识的人，要向满腹经纶的人请教。第二，请教不意味着凡事"自上而下"，有时要相互取经，甚至相互妥协。三是，出了问题，对谁都要诲人不倦。联系起来概括，则是"交往对话中的说教"。

　　梁漱溟自然不绝对反对自治。在他那里，自治只是应该有些折扣。因为，凡事彻底自治，就没了向上求进步的大方向。乡下人有时要妇女缠足，要男孩十来岁娶妻，自己时有吸毒、赌博、懒脏，等等。完全自治，这些东西不知何年何月才能丢弃。[2]倒过来，完全他治，说不定有人以势压人，谋取私利。所以，要将"学"的细致意思引进来。

　　若从精英文化和大众文化对比的角度看去，另外要说：

1　梁漱溟：《乡村建设大意》，第668页。
2　梁漱溟：《乡村建设大意》，第669页。

　　……问题的解决，固然要靠有学问有眼光有新知识方法的人；可是我们要知道新的知识新的方法，不经过一番切磋陶炼是没有用的。虽然乡下人头脑简单，没有办法，自己解决不了自己的问题；而单有我们的新知识方法，也同样的不能解决问题。我们所有的新知识新方法都从外边学来的，拿到乡村去很多用不上。所以必须两相磋商研究，如此得来的知识方法，才真有用，才真能解决问题。[1]

　　这是基本路向和基本路数的辩证关系。

　　于是，村里乡里要议事，和气商量着办。一方面，尊重多数，舍己从人；另一方面，顾全少数，彼此迁就。脑筋转动不快的人，要听听灵气十足的人的言语。可前者终究惦记自己的利益，因而，后者反之不能以"先知"的神气偷运自己的私利。少数也有可理解的利益，将其撇在一旁，少数终究不会甘服。两相对照，都要顾及。如果实在无法以"说通"解决，便应像讨价还价一般，各自谦让。"死板的定下服从少数固然说不通；死板的定下服从多数亦不合适。"[2]

　　学董犯毛病了，学众犯事了，要婆心苦口。现在有学长，可以撇开内部外部的硬性制约和自上而下的无情"放逐"。学长站在一边，时时提醒村乡头头，常常"敲打"底下小民。对头头，"看他有骄横之处就背地忠告他；看他有阴私之处就赶紧规戒他。……众人要说的话，先都由学长代为说到，自不致激出众人的话来。如果

1　梁漱溟：《乡村建设大意》，第684页。
2　梁漱溟：《乡村建设大意》，第700—701页。

有人反对他，要设法替他解释"[1]。"总不要众人与他发生正面冲突。到必不可调停之时，即劝……辞职，或速谒县长报告，以便撤换"[2]。对群众，"应本爱惜他之心而训饬他，或背地里规劝他，不令人知，以给他留面子。不要等他小恶养成大恶"[3]。

调解委员会的角色，也退让给学长。村里乡里难免蹦出纠纷不和。要紧的是，学长准情夺理，不死抠法律或者其他规矩的白纸黑字。因为，"这才是乡村和众息争之道"[4]。

至于学长为何不兼事学董，因为，要使"他站在超然地位，自己不致与人争执，自己与人没有不和，好来调和众人"[5]。

当然，学长的操守和明理是相对的。学长的自我培养，也是日积月累。"不够十成，就是八九成，甚而至于五成也行。现在没有，将来村学的风气开了，慢慢地就会有啦！……人的好或不好都是活动的，不是死定的，今天他不成，明天也许就成啦！士别三日，便当刮目相待呀！"[6]

……

1 梁漱溟：《乡村建设大意》，第705页。
2 梁漱溟：《乡村建设大意》，第705页。
3 梁漱溟：《乡村建设大意》，第704页。
4 梁漱溟：《乡村建设大意》，第707页。
5 梁漱溟：《乡村建设大意》，第696页。
6 梁漱溟：《乡村建设大意》，第697页。

四

民国的历史语境，使人深感西来强势文化的挤压。中国人与西方人过了招儿，因为抵挡不住，遂羡慕其文明，试图改变自己以学他。废科举，兴学堂，练新军，建船厂，修铁路，念洋书，穿洋服，说洋文，等等，处处试图"师夷治夷"。舶来的制度话语随之日渐昌盛。

然而，村学乡学的叙说，在三个深度层面上彰显了另一话语理路。

第一，制度是需要老根子的。老根子本身又是语境化的。西方人的一些制度由其本土培育、滋生、扩张，和那里的风土人情相互包容。单说那个时期的英国，七成人口在城市，三成人口在乡村。中国则是与这全然不同，几乎八成人口在乡村。英国以城为本，中国以乡为本，这是明眼可以发现的。城里人流动往返，"躁动不安"，乡村人倒是安详、宁静。在前者里面自然少有后者的发自内心的尊贤、深重情义。这样，城市的自治制度照单全部搬到乡村，便要生出问题。社会人类学有时正是这么说的。

老根子有历史。历史生成一段，自然有个道理放在那。制度变迁由此也并非是直线向前的。从这往大了说，不论在何处，"现代性的方案"有时不仅一厢情愿，而且简直误事，酿成糟心的破坏损失。在老根子的浅处粗处嫁接新文化的嫩芽，才是有益新陈代谢，焕发青春。

　　第二，道理藏在老根子里，道理时常"揭露"了生活的一个向度，视而不见，有悖生活的一类自然秩序。源自老根子的制度架构，时时稳健踏实。不过，道理终究是一类话语，张扬自己之时亦会压抑他者，稳健踏实的制度，打这，便会损害他者的利益需求。这也不是很妙的。

　　就说尊师尚贤和顾及多数意愿，两者都是一种道理。在知识上，有人懂得少，有人懂得多，非说小孩子和大人一样可以看清远处的东西，是固执。小孩子跟着大人走，会少栽跟头，活得有益滋润。但是，处处执意"有人明白、有人稚嫩"，等于暗自输出绝对真理说。制度政治的绝对真理说也会带来灾难。这例子是常见的。所以，小孩子凭感觉走，有时也可能不犯错误，正如大人凭"理性"走有时照犯错误一样。需要尊师尚贤，又需要顾及多数意愿，因为道理话语原本就是多重、异样、互补、彼此发明的。

　　第三，制度的道理，根植于语境化，亦在具体语境中才有生命力。在大方面讲如此，在小方面讲还是如此。村学乡学不太在意"文字化的规矩"，更多喜好"商量着办""交往对话"。因为，文字规矩在时间和空间上有僵硬的普遍化倾向。生活固然有"重复的谱系"，可也有"常新的谱系"。如此，村学乡学的柔性机制自然不是多余的。再者，村民乡民原本就是偏爱准情夺理，疏远刻板规矩，这更使柔性机制如鱼得水。

　　文字规矩是个制度安排。但制度安排更为喜欢"行动化"，而非"本本化"。"本本化"的东西，对未参与制度安排的人和"后来人"，需要驯化直至强加。这是不自然的，有时也会引发"走样"、斜视、逃避。起码，驯化强加的成本资源需要付出。"商量着办"，时时对个话，意味着在自觉原则和节减原则中磨合孕育"行动中的制度安排"。行动中这样做了，过时的旧规矩秩序悄然而灭，有益的新规矩秩序油然而生。而且，被挤压的话语、利益、需求，也有宣泄的机会和出口了。

最后余话两句。民国的村学乡学，实际已经隐去。今日大家更为瞄向了小型的"准法治国"的乡村自治。但是，那"学"还是提醒了自治里面需要一些甚至更多的本土佐料。老根子需要嫁接新嫩芽，嫁接的新嫩芽离不开老根子。制度文化的交流，是否蕴涵了这个意思？

域外沉默权一瞥 [1]

> 水虽平，必有波；衡虽正，必有差；尺寸虽齐，必有
> 诡。非规矩不能定方圆，非准绳不能正曲直；用规矩准绳
> 者，亦有规矩准绳焉。[2]

中国人现在有个习惯，喜好用西方人的法治样板作参照，论说法律，多年来一直不断的"沉默权"鼓噪，又是一个例子。不奇怪，砌筑现代性的法律大厦，一是靠拿来主义，二是靠冥思苦想，而拿来省事，苦想费力，何况西方人的东西，看上去似乎就是显得不错。

谁都承认，沉默权是个舶来品。

中国人法律传统，丝毫不允许犯罪嫌疑人、被告人可以在官府面前低头不语。因为，不能不服从"从实招来"的规矩。这规矩是社会踏实稳定的一块基石，也是做人良心的一个最低要求，要不，良心便被狗叼走了，接下去，自己和社会都是苦果不断。直到眼下，我们

---

1 原题：《公民，你有沉默权——域外沉默权一瞥》，载《南风窗》1999年第9期，第59—61页。现略修订。
2 刘安等编著：《淮南子》，高诱注，上海古籍出版社1989年版，第191页。

还是喜好不断重复"坦白从宽""抗拒从严"。言外之意："说出来吧，我们不会冤枉一个好人，可也不会放过一个坏人！"

我们的历史是否需要改变？

也许。

一

在西方人那，沉默权何时"浮出水面"，说不清楚。

有人讲，17 世纪的英国，已是开始递给犯罪嫌疑人、被告人一个类似定心丸的信息：被官员拿住时，可以拒绝回答一切问题。还有人接着说，英国的做法，缘于一场愤怒。1637 年，一个叫利尔伯尼（John Lilburne）的人，不小心贩卖了官府讨厌的文字书籍，当时的星座法院（star-chamber）兴师问罪，要利尔伯尼老实交代，可利尔伯尼坚决抵制，决不承认自己有罪，同时，拒绝一切可能"落井下石"的讯问。到了最后，星座法院说利尔伯尼这个人蔑视法庭，必须施以鞭刑。残酷的公开鞭刑，使英国人目瞪口呆。英国人转而愤怒了，暗自思量，为什么官府就不能"人道""文明"一点？ 1641 年，议会宣布利尔伯尼案的审讯非法，利尔伯尼面对审讯可以不作答。1642 年，议会写出了"沉默权"三个字。[1]

---

[1] 参见Neill H. Alford, "The Right of Silence", *Yale Law Journal*, 79 (1970), pp. 1618-1621。另见Leonard W. Levy, *Origins of Fifth Amendments: The Right against Self-Incrimination*, New York: Oxford University Press, 1968, p. 313。

　　不过，大致算算，沉默权应是文艺复兴之始而来的启蒙运动的时代产品。那时开始，欧洲人发现了"人"，差点忘掉了"神"。发现了"人"，意味着要用"个人的权利"来说事；"个人"，是最重要的，是社会网络的原子构件，没有"个人"，也就没有社会。更为重要的是，国家政府原本就是"个人契约"的产物。每个"个人"，将权利交给政府掌握，是为了政府充当社会监护人，最终来保护个人的这权那权；政府，尤其是其显著符号——警察控官，在管理社会时，则容易出尔反尔，于保护人权（社会性的他人的）之时侵犯人权（犯罪嫌疑人的、被告人的）。所以，要允许个人"盯着官人不说话"。

　　这是自由主义思路的一个结果。

　　现代性的世界法律发展谱系，是飘散扇形的，以西方某一地方为圆点，逐渐向地球其他角落扩展开来。没办法，中世纪末以降，西方某些地方从各方面来说就是狂飙突进，让别国别族看着着急，不学，自己就要落后，还要挨打，直至"销声匿迹"。而一国之强盛，据说总与法治相联系。这样，学了军事、经济、科学之时，还要学法治，像后来的德意志、法兰西、美利坚合众国、意大利……都是如此，就是遥远的大和日本，也是照样。当然，还有现在许多的非西方国家，亦步亦趋。结果如何？大体瞧去，还是不错的。沉默权的传播路径，正是此种模式。不信，翻翻刚提到的那几个国家民族的法律章典制定的时间表，便可读到清晰的演化脉络。

　　另外，法律制度内部有个"相互关系"。中国人熟悉的词是：

配套。目下我们改革，言必称"措施配套"，可西方人早知这点。如果讲究法治，那就要依法办事。对草芥平民是这般，对权力官府亦这般。权力官府依法做事，自然等于人们要求有个东西束缚它们，束缚它们，是为了保护公民权利。"束缚权力"，包括了"法无明文不为罪"，"公民有获得辩护的权利"，"刑事诉讼的举证责任在官府一方"……要使"束缚"有声有色，还要配上"沉默权"及其他，等等。西方人特别相信，"相互关系"宁可显得多而臃赘，也不能缺臂短腿。

二

上面讲的是域外沉默权大面上的东西。除此之外，还须对之"具体分析"。

西方人"沉默权"的具体纹路，通过一案，可品味一二。

1963年的一个日子，美国发生了一桩强奸案。受害人是十八岁的女孩子。强奸嫌疑人是一名硕壮的男子。那天深夜，这名男子开车将女孩子劫持。二十分钟后，车上发生了强暴事件。事后，女孩子飞奔回家，一个电话打到警察局，警察依据线索，十天之内即将这名男子拿获。在讯问过程中，警察要求这名男子招供，并要求其写下供述。这名男子照做了。案子清楚明了，没有什么争议，法官将劫持罪名和强奸罪名贴在这名男子身上，刑期是两罪相加，共五十年，狱门跟着打开了。

这罪人叫米兰达（Ernesto Miranda）。

岂料，判决下来，米兰达硬是不服，他不断上诉，经过百般曲折，竟然在美国联邦最高法院上诉得直。

上诉理由称，警察"强迫"他写下供述，供述写下来绝对不是自愿的，而且，警察太明显地违反了美国联邦宪法第五条修正案：在刑事诉讼中不得强迫任何人作出对自己不利的证词。而最高法院翻开卷子一看，也发现"强迫"问题的真实存在。第一，审讯室与外界隔绝，米兰达眼前是一字排开的警察队列。第二，警察不问"干了什么"，而只是问"为什么要干"。第三，警察手段不"光明"，一会儿摇摆"胡萝卜"，一会儿挥舞"大棒"，叫米兰达精神全线崩溃。所以，最高法院作出判决，判米兰达写下的供述无效。

最高法院并未到此结束。它还说，大凡审讯，警察必须事先告诉被捕者，一是他有权保持沉默，二是他如果选择了回答，则所做的回答可用作呈堂证供，否则，所得证词无效。这便是著名的"米兰达明示"（Miranda Warnings）的基本内容。[1] 打这开始，对抗"警方强迫"的沉默权，在美国风靡般地家喻户晓，人人共享，在几乎所有的警匪文学中，"你可以保持沉默"，成了故事叙述的开场白，尽管，美国宪法修正案里早已暗含这句话的意思。

显然，米兰达案（*Miranda v. Arizona*）的最终判决，标志着个

---

1 详见384 U.S. 436 (1966)。

人在面临强大的国家机器时，可以享有钉铆凿实的"不说话"的权利。官府非要令人开口，那么，供词就是没有效力的。

为什么可以沉默？总得有些道理可讲吧？

道理自然是有。

西方人说，谁也不会否认应有"言论自由"，而"言论自由"既包含了想说就说的意思，也包含了不想说就不张嘴的意思，有肯定的方面，也有否定的方面，这就如同婚姻自由，既指结婚，也指离婚。如果一个人不想说，硬要上前撬嘴，这便等于剥夺了"言论自由"。

西方人还说，当一个人被官府拿获了，其已经处于非常不利的地位，这时，再允许官员左右动作，便易造成冤假错案。冤假错，一方面兴许是官员出于好心而滥用权力的结果，另一方面，兴许是官员本身就心怀叵测而滥用权力的结果。官员也是人。假设相信人可能犯罪，自然没有理由说"官员不会犯罪"。人性恶的概念，是个全称判断，它指所有人，就连说人性恶的那人也涵盖其内，这样，官员自是不能例外。心怀叵测正是指这个意思。而让嫌疑人或被告人抱住沉默权，就可抵御"恶官人"的心怀叵测。

除此之外，西方人又讲，他们喜欢"无罪推定"。这是说，在法院最终判决之前，一定要假定嫌疑人、被告人是无罪的，要顶着官员一步一步地证明"罪在哪里""罪是什么"。既然无罪推定可以接受，则"无罪"的这人那人，自然可以"沉默不语"。

……

三

不过，要犯人开口，为的是"破案""结案"，最终为的是社会祥和平安、秩序稳定以及他人的权利。总不能看着犯人，在那里沉默地得意扬扬吧？

当然。

在西方人那里，沉默权不是绝对的。

英国人说，嫌疑人和被告人可以沉默。但是，沉默并不意味着法官或陪审团可以不作任何对其不妙的推论。为获证词，强行撬开嫌疑人和被告人的嘴，自然会使证词无效，然而，出现下列四种情形，依然可用逻辑推断，将罪名安在他们身上。

第一，官员在侦察过程中想了解的事实，如果被嫌疑人或被告人用来辩护说事，那么，法官大人及公民陪审团，就可以顺藤摸瓜地作出对其不妙的推论。第二，假如开庭了，法官和陪审团要断案，而被告人硬是一言不发，那么，法官、警方、检控方都可以提请陪审团作个推论，即便这推论，显得叫被告人捉襟见肘；至于官员有否说过"可沉默"这句话，无关紧要。第三，证据里面有"物证"一说，比如刀子、铁棍、炸药、血迹，等等，可归入"物证"，如果这些物证出现在嫌疑人或被告人的身上，法官和陪审团，都可以一不做二不休地端出对其不利的结论，而不管其是否承认，也不管官人是否提醒过沉默权。第四，也是最后一点，在犯罪现场和犯罪时间里，嫌疑人或被告人恰巧出现了，出现得令人无法怀疑就是他们作案的，那么，他们再沉默（加之官员没说"可沉默"），也是没用，法官和陪审团依然可以挥笔而就，定罪。[1]

一句话，嫌疑人或被告人不想说，而官员又没有给出什么类似美国的"米兰达明示"，依然不影响定罪结案。

美国人也有此等见解。

1984 年，纽约州冒出了一桩强奸案。一名妇女居然在超级市场旁边被人强奸了。案子一发，警察立即赶到。一个时辰未过，警察抓住了嫌疑人。可被害妇女着急地说，嫌疑人身上有枪。这样，警察为安全起见，径直问嫌疑人枪在哪儿，嫌疑人如实交代，枪被找到了。在法院开庭的时候，枪被作为定罪的一个证据。可嫌疑人说，警方不守规矩，没有向他郑重宣布"米兰达明示"，所以，枪不能成为一个证据。法院当即回答，如果枪依然漂在外边，对公共安全是个很大的威胁，在此危急时刻，警察可以不费口舌，说声"米兰达"。此时的枪，当然可以作为定罪依据。[2]

这意味着，在公共安全出现危险时，警察没必要恩赐"沉默权"。

曾几何时，美国还出现过一个家喻户晓的绑票案。当警方逮住嫌疑人时，"票"（即受害者）去向不明。警察着急，便问嫌疑人

---

1 关于这方面的介绍，可以参见卞建林、郭志媛：《英国对沉默权的限制》，载《比较法研究》1999年第2期，第283—286页。

2 参见 *New York v. Quarles*，467 U.S. 649 (1984)。

"票在哪儿"，嫌疑人作出了答复。这"答复"也成为了一个不可推翻的定罪证据。法院说，如果警察非要先递上一个"米兰达明示"，嫌疑人一沉默，这"票"恐怕永远消失了，所以，此时警方不必多费口舌。

再者，沉默权的法律规矩，是个"一般性"的规矩。既然有个"一般性"，自然在实践中需要解释。这就像"禁止车辆在公园内通行"的规矩，我们总要解释，"自行车""救火车""救护车"是不是"车辆"，因而属不属于禁止之列。所以，警方这样的官员，甚至法院里的官员，都可以根据情形来作番自己喜好的"沉默权适用"的说明。

美国有个前科犯人，叫埃尔斯塔德（Michael Elstad）。一天，警方瞧着他似乎有问题，怀疑有些盗案与他有瓜葛，便把他叫到警察局。警方没说是逮捕，也没说是暂时关押，只说"我们聊聊"，聊着聊着，警方骗说罪案现场发现了埃尔斯塔德的手迹，埃尔斯塔德心虚，立刻招认。事后法院判案时，据此定了埃尔斯塔德犯有盗窃罪。埃尔斯塔德大喊，为什么警察不给"米兰达明示"？！法院却说，当时既非逮捕，也非关押，只是"聊聊"，既然"聊聊"，哪须提示"沉默权"？！这是说，沉默权使用的时候是"审讯"，而审讯，有个逮捕和关押的前提。[1]

这是巧妙解释"一般性"规矩的一个例子。

---

1 参见*Oregon v. Elstad*，470 U.S. 298 (1985)。

　　自然，在其他西方国家，上述这些对沉默权的限制、例外和巧妙解释也比比皆是。

　　概言之，这些限制、例外和巧妙解释，都表明洋人意识到沉默权的"另一面"。沉默权是保护公民的权利，可保护之余，自会带来负面作用。没有边界的沉默权，过度地使用沉默权，完全可能有违沉默权的初衷，因为，这般无度会影响社会的安全秩序和他人的权利，影响的结果，便使人人都会滥用沉默权。当沉默权的滥用，使犯罪人逃之夭夭、逍遥法外，并使受害人不能申冤，那么，受害人也会反之"以夷治夷"，比如，杀人后"不说话"，最后，官员将不得不彻底放弃"规矩"，强行管制社会秩序，从而露出"人治"（专制）而非"法治"的面目，彻底放逐沉默权。

　　前边，拉拉杂杂地说了些域外沉默权。难免挂一漏万，故称"一瞥"。读者看着差不多也就可以了。

　　再说点余话。

　　搞法治现代化，固然要参照西方人的经验，可也要确实注意西方人的语境和中国人的语境之间的区别。语境不同，制度的产生也会不同，而更重要的是，制度的效果也会随之有别，更何况，任何一个制度本身都是带有"双刃性"的，利弊兼有。沉默权，也是这么回事。西方人明白了这些，我们更应明白。只需想想：我们现在到底需要什么？

法治·分权制衡·法律现代性的困境

——从腓特烈大帝过问阿诺德案说起 [1]

……将法律置于主权者之上，便同时也将一个法官和惩办他的权力当局置于他之上，这样便造成了一个新的主权者…… [2]

在群众性的团体中，一切其他的人都不可避免地陷入官僚体制的主宰之中…… [3]

学科构成了话语生产的一个控制体系，它通过趋同性的作用来设置栅栏。在趋同性作用中，统治永久性地复活了。 [4]

本文，讨论法治的实质。

先从一个历史事件说起。

---

1 原载《比较法研究》1999年第2期，第292—297页。现略修订。

2 霍布斯：《利维坦》，黎思复、黎廷弼译，商务印书馆1985年版，第253页。

3 韦伯：《经济与社会》，林荣远译，商务印书馆1997年版，第250页。

4 Michel Foucault, *The Archaeology of Knowledge and the Discourse on Language*, trans. Sheidan Smith, New York: Pantheon Books, 1972, p. 224.

一

　　腓特烈大帝（Frederick the Great），18世纪普鲁士邦的传奇人物，欧洲历史的撰写从来都不能少他一笔。正是这个普鲁士君王，亲自干预了1779年一桩案子的审判，不仅改变了案子主角米勒·阿诺德（Miller Arnold）的命运，而且，叫审案的法官，知道了什么是君王的"法律"威严。

　　阿诺德是个小作坊业主。当时的普鲁士邦，时兴水磨坊手工业，用水渠的移动溪流作动力源，所以，阿诺德租借了一块土地挖渠引水，启动磨坊。本来，生意算是不错，因为成本较低，那水流毕竟是个天然动力。岂料，磨坊附近不久就出现了一个养鱼户。鱼户专养池塘鱼，而池塘也需移动溪流替换池水。这样，鱼户连招呼都不打，在水渠上硬是切开一处，将水分流。说起来，如果池塘和磨坊的地势一样高，倒也罢了，可那鱼户专挑一个低洼地段建造池塘，这就自然形成了"水往低处流"。

　　结果可想而知，阿诺德的磨坊无法运转了。

　　磨坊停转，财路就断，从此，阿诺德的收入一落千丈，就连土地租金都无法缴纳。这时的地主，不由分说，非将阿诺德先生拉到法院，告他拖欠租金。阿诺德说，作为一个地主，原告应该阻止鱼户开渠分流，明知分流会造成磨坊的损失，还放任鱼户，显然应该自担租金损失。但是，法院看着阿诺德就不顺眼，遂判地主有权变卖磨坊折抵租金。法院讲，这案子，仅与租金有关，欠租就要还租，不能还租就要拿别的财产折抵，至于鱼户开渠、地主失责，那是另一问题，与租金没有关系。没过几日，磨坊就让别人买走了，阿诺德变得一无所有。[1]

案子看上去有点冤。

当时许多人就念叨：哪有这般判决的，起码应该讲清地主是否有点责任才对。这些议论，不久便传到了腓特烈大帝的耳边。腓特烈大帝知道后，立即调卷查阅，倾听各方意见，最终断定案子大错特错，随即，下令对审理该案的法官提起刑事诉讼，声称：阿诺德一案这样判决，纯属玩忽职守，不判刑罚不足以平民愤。但是，负责审理刑事案的法官却以为，那案里的法官没有过错，那样判决，并未冤枉阿诺德。更为令腓特烈大帝恼火的是，刑案的法官，居然当庭宣判被审法官无罪，跟着大门一开，放他们扬长而去。当然，腓特烈大帝也不含糊，将审理刑事案的法官一一撤掉，并予罚金，接着，下令为阿诺德翻案。腓特烈大帝诏曰：第一，磨坊买主立即退还磨坊给阿诺德；第二，受罚法官支付的罚金用来补偿磨坊买主；第三，拆毁鱼户分水渠道，恢复水磨坊正常供水。[2]

这桩案子，显示了君王主权者在法律上的绝对权威。某些人说，绝对权威，只是就立法而言的，可腓特烈大帝"大刀阔斧"，干脆把它一并放入司法过程里，他有这样的意思，所有法律运转过

---

1 见David Walker, *The Oxford Companion to Law*, Oxford: Clarendon Press, 1980, p. 841。

2 见Walker, *The Oxford Companion to Law*, p. 841。

程都由君王一统而定。

腓特烈大帝太成功了，不仅在世时声名显赫，而且死后留名青史。这么一桩案子，差一点叫那些主张法律制约君王权力的人大跌眼镜，哑口无言。有学者，更是大致承认：它绝对是个说明在明确的法律审判造成不公平时，君王干预显然必要的例子。[1]

二

主张法治的学者，对此，自是不以为然。他们会声称，这类例子还可举出一些，然而那总是凤毛麟角。多数的君王，可叫人不敢恭维。就算是腓特烈大帝本人，其也有"败笔"甚至所作所为遗臭万年的时候，金无足赤、人无完人，这是亘古不变的。大凡是人，总会有毛病。所以，还需法律制约君王的活动。宁可让其无所作为，也不可让其铸成大错。

这是法治话语的一个理由。

不过，仔细琢磨一下，可发现"法律制约君王"这种提法，太过笼统。比如，法律制定出来，但它却说腓特烈大帝有权干预司法审判，亦即在阿诺德那样的案子里可以大显"帝"威，那么，法律制约的意思就不大了。此外，就算法律设置了种种限制，叫腓特烈大帝不得干预法官的审判，不得硬扳阿诺德之类的案子，那么，总

---

1 Walker, *The Oxford Companion to Law*, p. 841.

得有人断定腓特烈大帝是否遵守了法律。当然，前一种情形，在近现代可能不大会出现，一般法律也不会那样规定了。倒是后一种情形，显得十分紧要。所以，有学者将人们视线引向这里：分开立法和司法。如果有了分立出去的司法，就会出现"旁人"断定一般平民甚至君王大帝有否照章办事。这是提醒我们，有了这等机制，法律制约才能大为生动。

在阿诺德一案里，最为显眼的是腓特烈大帝将司法终审权握在手里不放。应该说，那时的普鲁士邦法，已是腓特烈大帝说了算，起码所有法律，都要王权制定宣告。既然如此，为何还要紧紧抓住司法终审权？不奇怪，因为，腓特烈大帝担心司法那些人会将普鲁士邦法变了形，走了样，到头来，使他立法大权形同虚设，所以，大凡重要场合就要过问司法。有人可能会有这样一个观念：立法者过问司法是在情在理的，因为，司法总要严格依照立法者的意思去办才对，而立法者自己审判，当然会使自己的意思一以贯之。依此观念，对腓特烈大帝便不能多嘴多舌了。

但是，假如腓特烈大帝并不总是像在阿诺德案里那样公正贤明，而是有时糊涂，有时甚至凭借自己大权肆意篡改自己的法律，因为，觉得它已碍手碍脚，那么，结果又会怎样？这比司法官吏使法律大变其样能够好到哪里？更糟的是，如果腓特烈大帝的确肆意篡改即使是自己的法律（他完全可以凭借权力这样做），为了自谋私利，将自己的法律撇在一边，那么，他就是在用法律之名，行"独裁"之实。人们便不会认为这里边还有什么"法律"问题。

"只要有人被认为独揽一切，握有全部立法和执行的权力"，那就不存在什么法律的裁判者了。[1] 所以，为保住法律稳定、明确性的名声，不仅要限制司法篡改法律的本意，而且要防止立法者自我"改变"自己的法律。换句话说，不仅要警惕法官，而且要警惕立法者将法律走了样。

另外，还有可能出现这类情况：有时，像腓特烈大帝那样的主权者和一般平民发生了纠纷，依着法律似乎是腓特烈大帝不对，这时，如果容许主权者自当司法审判官，谁敢肯定结果公正平直？两人口角时，人们都会认为应由第三者来论是非，那么，在政治社会里，这不更应是起码的要求？洛克（John Locke）讲，就法律而言，"如果没有专职的法官，人们由于情欲或利害关系，便会错误地加以引证或应用而不容易承认自己的错误。……在每人都是……他自己案件的裁判者、解释者和执行者的情况下，尤其是这样"[2]。其实，如果真是君王来裁判自己和平民之间的纠纷，人们不"忐忑不安"就怪了。

最为重要的是，"……如果同一批人同时拥有制定和执行法律的权利，这就会给人们的弱点以绝大诱惑，使他们动辄要获取权力，借以使他们自己免于服从他们所制定的法律，并且使他们在制定法律和执行法律时，使法律适合于他们自己的私人利益……"[3]

---

1 洛克：《政府论》（下篇），叶启芳，瞿菊农译，商务印书馆1983年版，第55页。
2 洛克：《政府论》（下篇），第84页。
3 洛克：《政府论》（下篇），第89页。

　　于是，结论是不可回避的：分开立法和司法。宁可冒有司法篡改立法的风险，也要如此。毕竟，最为容易遇到的似乎是立法者兼掌司法带来的遗害，而不是司法者篡改立法带来的麻烦。由此而说，立法司法应该分开，君王议会大笔一挥后就应"退避三舍"、谦恭让"贤"，让法官一类人士操持法律的运行。这，实质上是法治话语的关键所在。

　　说起法治，不能不提亚里士多德。

　　他几乎是法治话语的最早鼓吹者。在他那里，要法治就要有"良法"，就要有"普遍的服从"。[1]不过，亚里士多德说完这些话，没有再加更多的细致分析，好像法治问题已经彻底说清了。可细想一下，别人似乎只有认为，前一部分"良法"的工作要分给立法者做，而后一部分的监控，就只有让法官这些人来做了，因为，人们毕竟不太希望立法权和司法权合在一起。而且，另一方面，这两件事里最重要的是后一个，因为，没有良法，有时仍能谈论法律的统治，而没有"普遍的服从"，则根本无法谈论这个问题。讲到这里，我们就会隐隐约约地发现，亚里士多德的法治理论应该蕴涵着这样一个结论：法治的核心，在于"普遍的服从"，而"普遍的服从"依赖法官这些人的监控。所以，法治至少一半是个法官的统治。只是，亚里士多德没有深究细想，故而未能讲出这个结论。

---

1 见亚里士多德：《政治学》，吴寿彭译，商务印书馆1983年版，第199页。

三

前面已隐约暗示，赞同分权或曰法治话语的学者，大多具有共同的出发点，亦即不大看好人的自觉性，并且以为即使腓特烈大帝那样的明君在阿诺德案中"力挽狂澜"，救人于危难之中，那也不足挂齿，毕竟，那是少得可怜的稀有孤例。如果这般想法可以成立，那么，不单是分权可以用来抵御人的非自觉性，反过来，那"不自觉"也是分权有效运转的一个基础。

孟德斯鸠（Charles de Secondat， Baron de Montesquieu）说，谁都会滥用权力，英雄小人无一例外。[1] 既然如此，将权力分给不同的人，他们就会彼此掣肘、设碍立障。

这里的潜台词是讲，在立法者一边，他总想把这权力用到尽头，事无巨细都要统在立法大权之下，甚至不惜偷运一个阶层、一个集团的私情私利。而旁边有个行政部门和司法部门，事情就会变得"碍手碍脚"。在行政部门一边，它们自己握有行政权力，这种权力，特别不希望头上有个立法者颁布的一般规则束手束脚，希望什么事都能灵活处断、"不拘一格"。当看到立法者偷运私利时，行政部门自然也会不甘寂寞，会用特殊的行政权力减弱甚至消解一般立法规则的效力和作用。这就无形中可以制约立法者。而在司法部门一边，它总有最终解释说明立法规则意思的权力，总有了断一切纠纷

---

1 孟德斯鸠：《论法的精神》，张雁深译，商务印书馆1982年版，第154页。

的审判欲望。有时，一般立法规则不能解决案子的某个问题，司法者，却依然试图以自己的法律观念"显示神威"。当发觉立法并不规规矩矩老老实实，司法者便会同样暗设机关，巧用法律解释化解立法权力……

于是，在那些可能滥用权力的人之间，"不自觉"的本能恰恰筑成互为看管、互为钳制的权力网络。法国学者托克维尔（D'Alexis De Tocqueville）也提到过这个意思："……一个政权越是需要加强，它就越是需要扩大和独立。而它越是扩大和独立，就越要滥用职权……"[1] 中国古人更是说过："吏之与吏，利合而恶同也。"[2]

这就涉及了分权的另一面：相互制衡。

法治的核心是用规则对政府权力的约束，而对权力的约束，说穿了又在于分权，可分权又必然有个制衡的问题。可以看到，法治和分权、制衡是一个问题的三个方面。18世纪美国学者威尔森（James Wilson）就说，为了维护法治，不仅要分权，而且要将制衡机制引入政府体制之中，"以便即使坏人当政也能迫使其为公众利益鞍前马后"[3]。孟德斯鸠说，"……一切有权力的人都容易滥用权力，这是万古不易的一条经验。有权力的人们使用权力一直到遇有界限的地方才休止"，所以，"从事物的性质来说，要防止滥

---

1 托克维尔：《论美国的民主》，董国良译，商务印书馆1997年版，第170页。
2 商鞅：《商君书》，严万里校，载《诸子集成》，浙江古籍出版社1999年版，第924页。
3 James Wilson, *Works*. ed. James De Witt Andrews. Chicago: Callaghan and Co., 1896, I, p. 352.

用权力，就必须以权力约束权力"。[1]

如果将制衡看作一个彼此之间有来有往的游戏规则，那么，这个有来有往，是否有个终点？换个问法，制衡是否可以没完没了地持续下去，你不断制约我，而我不断制约你？

其实，制衡的效果，不过是政治决策过程中"你打我闹"的片段插曲，虽说片段插曲颇为重要，可使决策在不断摩擦的过程中变得稳妥适当。制衡的结果，不可能是制衡本身，而只能是制衡导向的政治目的。由此而来的权力游戏规则，其结果，也不可能在于本身，而在于游戏之外的其他目的。因为，谁也不会沉浸在游戏规则之中，而不顾自己想要达到的目的，这就如同我们遵守足球规则，是为了体育比赛，或为了赢球夺得奖金，而不是为了规则本身去在绿茵球场上奔跑。于是，制衡游戏，自然就有终点。

到了这里，对于制衡的游戏规则，我们又回到已经谈过的一个问题：到底谁能决定制衡或法治的命运，或说，谁能站在游戏终点，号令他人？应该承认，在任何号称"法治"的政府体系中，只要允许分权制衡彼此约束，需要钳制政府的各项权力，那么，法院便只能是"笑到最后"，只能是最后的"裁决者"，毕竟，法院在决定法律的意义上无可比拟，所有纠纷都要由它拍板定局。真要争个法律的意思是什么，法院只好充任裁决的"上帝"，除非我们砍掉司法这个权力，废止法院这个审判机构，重温、再圆腓特烈大帝

---

1 孟德斯鸠：《论法的精神》，第154页。

一手包办的"立法司法通吃"的所谓"英明君王"之梦。

四

腓特烈大帝干预了阿诺德一案，结果的确不错。可这没有挡住许多人继续主张法律的统治。然而，奇妙的是，法治依赖分权，而分权依赖制衡，接下来的事情，变得法官阶层尤为重要。其结果是：法治的背后，隐藏着法官阶层的"人治"，至少在法治的关键环节上，法院一言九鼎。正如中国古人所说，"有治人，无治法"[1]，"守天下之法者莫如吏"[2]。也难怪卢梭（Jean-Jacques Rousseau）也有不太客气的言论："只要政府的职能是被许多的执政者所分掌时，则少数人迟早会掌握最大的权威；仅仅由于处理事务要方便的缘故，他们自然而然就会大权在握。"[3]

当然，仅仅是这样一个结果，问题尚且不算严重。毕竟，法治之外可以谈论民主制约。一般百姓，依然可以依照法律的字句章典，来个"外部看管"。

但是，这里需要更进一步分析的问题是：从腓特烈大帝开始的时代，法官那类阶层进入了一个颇为广泛的职业化阶段，这意味着什么？

---

1 荀况：《荀子》，杨倞注，上海古籍出版社1989年版，第70页。
2 王安石：《王安石全集》（卷10），秦克、巩军点校，上海古籍出版社1999年版，第85页。
3 卢梭：《社会契约论》，何兆武译，商务印书馆1982年版，第88页。

　　社会进化的一个奇妙标志，在于分工的专业化、细致化，落在法律语境，就出现了法律职业的专业化、细致化。法律职业的这类特性，也缘于法律的一个现代性——庞杂繁复而又统一协调的法律文本。腓特烈大帝时代，这个法律现代性已初露端倪，他手里的《普鲁士邦法》，便有一万七千来条。那时代的人，特别相信"理性"的力量，以为依赖"理性"就能知晓所有的一切，进而，建立一个无所不包的法律体系。当然，比起现代社会的法律文本，大帝的《邦法》又是小巫见大巫。任何一个现代国家的法律文本，差不多都已是浩如烟海。所以，面对这"浩如烟海"，自然需要一个具有独特"学科知识"的法律职业。其实，法律职业的社会需求，在文本式的法律现代性旁边，已经稍然引发了另一法律现代性——法律人员的科层化和职业化。

　　因此，法官阶层的职业泛化，意味着一个独特的"知识"阶层把持了法律的王国。

　　法官那类阶层，是法律职业的显著符号。由此，法律文本的庞杂繁复、法官科层专业性的泛化，便意味着"知识列维坦"神秘般地站立在人们的面前。圈外人何以知道浩瀚的法律文本的意义？何以走进迷津般的法律门道？又怎能知道法官阶层说出的"法律含义"是正宗的法律含义？黎民百姓式的圈外人，又从何明晓法律（有时正是法官阶层手里的法律）体现了自己的愿望？而且，何来从"外部"看管法官是在依法做事？这就如同病人面对庞杂繁复的医学知识和专业职业化的医生，何以知道医生治病下药是对是错？

所以，一旦出现利维坦式的学科知识的"栏栅"，又意味着在法治的背后不仅是"人的霸权"（人治）问题，而且还有"知识霸权"的问题。而在法律现代性的背后，最终隐藏着"学科权力"。学科权力，又使外行人根本无法知道、无法判断"法律上的对与错"。而在法律现代性尚属"缺席"的语境中，看管法官阶层如同看管传统政治学的统治者一样，倒是一件不太困难的事情。

于是，在现代化的法治中，"人的霸权"和"知识霸权"，已经互为表里，使法律的"外部"制约无从着手。

法治的出发点之一，当然是瞄向了人性恶。没有法治，政治中就混入了"兽性"。[1]可是如果认可了人性恶，说人性恶的那个人都不能例外，法官自然也无法例外。而且，前面说的相互制衡，就以"不自觉"或曰"各方性恶"作为基础的。"夫置丞立监者，且以禁人之为利也，而丞监亦欲为利……"[2]这般讲来，就应警惕法官阶层对法律的操纵，尤其是法官阶层背后的"知识面纱"型的现代性操纵。而真正的警惕，则不仅是"制度上"，而且是"意识形态上"的，也即警惕法律现代性引发的"知识权力"挤压。

往要害上讲，法治本身也是有问题的，在现代性背景下的法治有了学科性的知识权力的撑腰，问题兴许更为严重。换言之，我们所说的警惕，由于面临着法律知识的"利维坦"，其本身又不得不重新检视追求法治现代化的初衷。

1 亚里士多德：《政治学》，第169页。
2 商鞅：《商君书》，第924页。

法律解释与"法律民主"[1]

> 著而有定者，律之文；变而不穷者，法之意。[2]

> 假定我们是在谈一个作者，那么他写的和说的一切，他所留下的一切，是不是都包括在他的作品中？这既是个理论问题又是个实际问题。[3]

> 我承认历史上也有过一个时代，文字是被视作威权的，是载道的，是经典；从文字的玩弄里，像符咒一般，可以获取权力和利益，支配别人……[4]

民国时期，学者费孝通写过一篇精彩的文章——《文字下乡》。在这篇文章里，费先生说过这段话：

> 乡下人在城里人眼睛里是"愚"的。……说乡下人"愚"，却

---

1 原载《天涯》1999年第2期，第37—42页。

2 傅霖：《刑统赋解》，收于刘俊文编、北京爱如生文化交流有限公司制作：《中国基本古籍库》，黄山书社2002年版，第2页。

3 福柯：《作者是什么》，载王逢振、盛宁、李自修编：《最新西方文论选》，漓江出版社1993年版，第448页。

4 费孝通：《乡土重建》，观察社1948年版，第145页。

是凭什么呢？乡下人在马路上听见背后汽车连续的按喇叭，慌了手脚，东避也不是，西躲也不是，汽车夫拉住闸车，在玻璃窗里，探出半个头，向着那土老头儿，啐了一口："笨蛋"——如果这是愚，真冤枉了他们。我曾带了学生下乡，田里长着包谷，有一位小姐冒充着内行，说："今年麦子长得这么高。"旁边的乡下朋友，虽则没有啐她一口，但是微微的一笑，也不妨译作"笨蛋"。乡下人没见过城里的世面，因之而不明白怎样应付汽车，那是知识问题，不是智力问题，正等于城里人到了乡下，连狗都不会赶一般。如果我们不承认郊游的仕女们一听见狗吠就变色是"白痴"，自然没有理由说乡下人不知道"靠左边走"或"靠右边走"等时常因政令而改变的方向是因为他们"愚不可及"了。"愚"在什么地方呢？[1]

　　这段话极有意思。费先生用一种巧妙的解构方式，颠覆了不少人具有的乡下人和城里人之间的"愚智对立"观念，换言之，如果城里人认为乡下人是"愚"的，等于是在认为城里人自己是"愚"的。更为有意思的是，费先生告诉我们，城里人和乡下人各自的想法，是一类知识的区别，而不是智力高低的区别，城里人有自己的知识传统，而乡下人也有自己的知识传统。这知识传统，就像城里孩子看书识字快点儿，而乡下孩子捕捉蚂蚱快点儿一样，谁也不能说谁更为机敏、更为伶俐。[2]

---

1 费孝通：《乡土中国》，生活·读书·新知三联书店，1985年，第8页。
2 见费孝通：《乡土中国》，第9页。

说来，在文化语境中，前述那类自觉高人一等的"城里人视界"蛮多。在法律圈子内，随着专业化、职业化、理性化的法律现代性膨胀，"法律知识"把持者，似乎也或多或少有了"城里汽车夫"的脾气。其实，单就法律条文的多少、法律文字的排列、法律分类的标签……等行当而言，法律职业的符号，也即"法律专家"，自然可以自恃高傲，因为，不论怎样，外行人终究是"没入门"的，或说，尚未训练有素地翻过条文、读过文字、听过分类。

不过，虽说如此，可在一关键的活动上，费先生的解构策略依然适用。这一活动，便是"法律解释"。

在本文中，笔者借用一个法律实例作为叙事平台，先说明"法律解释"的纹路，次之说明其中的"暗道机关"，然后，再看看何以能够套用费先生的解构策略，最后，说说接下去的理路思绪是什么。

一

法律解释，在这里，大体是指对法律〔主要是制定出来的法律（statutes, legislation）〕文字作个说明。一般而言，人们总会以为，立法者作出规定，"法律品性"的文字便是出笼了，它有了明确的效力，接着，凡事就要照章办理、一丝不苟，否则就是斗胆违犯。可法律文字这东西有个毛病，也即，它是普遍性的，不是就人论人、就事论事。它不会针对张三李四王五之类的具体人物说个"法律命令",也不会盯着具体人物做的具体事件,讲个应该如何。正因如此,"普遍性"的文字和社会具体对象之间,时时不能丝丝入扣。

举例说明。

前些年直到眼下,出现过所谓的"私家打假现象"。这类"打假",很有意思。第一,打假者假借"消费者"名义,知假买假,然后提出我们中国《消费者权益保护法》第49条,非要卖假者双倍赔偿。而那条法律文字恰好说,只要经营者卖出了"假"产品,消费者便可以没商量地要求双倍补偿。第二,打假者常常天马行空、独来独往,有点"孤胆英雄"的劲头,不仅在一区、一市、一省来回折腾,而且时时跨省穿梭出击,但是,他们终究全然不和质检"官府"相互通气、共同打假,倒是每每"暂"借"官府"质检图章,获得索赔的确凿证据,然后,转向商家"要钱"进账。第三,此类打假,商家极为头痛(商家有时更为害怕私家打假者,而不太在乎官府打假者),而平民百姓大多则是雀跃欢呼,尤其那些曾饱受假劣产品坑害的小民,更是拍手称快、双手赞成。第四,也是最有趣的,在那些没有卷入事件利害关系之中的旁观者那边,则出现了相左意见。有人说,这打假,绝对帮了质检"官府"一大忙,"官府"人手、财力都挺有限,没有民间的"出手"配合,打假运动自然难以成为如火如荼的全国运动;另有人说,这打假,本身就是"假",因为不是为"消费"去买消费品,而是为了双倍进账才动手的,其动机,"乃钻法律空子也",或说居心叵测。在道德上更是一定和"知假卖假"同样可恶……

现在，可以清楚发现，第49条法律文字需要解释。起码，要说明，那文字里面的"消费者"是否包含了眼前的"知假买假兼打假者"。无论如何，法律文字和具体现象没有一一对应。

怎样解释？

有人说，别将"消费者"这个词限定得那么死，非说它指自我消费的这人那人，因为，这叫死抠字眼儿。死抠字眼儿的解释方法，太过僵化。相反，我们应该大方地解释该词，要高瞻远瞩、放眼全国，在大多数消费者（尤其是被假劣产品坑害的消费者）的意愿背景里来理解这词的意思。大多数消费者喜欢打假，而官府打假举措，说来已有多年，却迟迟不见殊效，私家打假无形中帮了大忙，使卖假商家诚惶诚恐、不敢放肆，这使假劣产品的蔓延受到了扼制。对此，小民高兴。如此，将"知假打假者"说成"消费者"，便可使其获得双倍赔偿，而双倍赔偿的激励，便会更为鼓励打假运动。最后，得益的终将是大多数消费者（虽讲打假者旁边暗自窃喜）。这般解释"消费者"是很不错的，而且，符合"人民的利益"。

更何况，我们谁也无法深究"消费"本身的含义。买东西送人算不算"消费"？买东西存而不用，可否归入"消费"？以往，买者将东西买走后，谁也不会关心他是送人，还是存而不用，还是自我用掉（像食品一样吃掉，像衣服一样穿上）。反正买走了，就是"正经"的买家。这样，说"私家打假者"为买家，进而说为"消费者"，没什么别扭。

　　有人说，不成。法律文字的解释要规规矩矩，丁是丁、卯是卯。第 49 条的"消费者"就是"自我吃掉（食品）""自我使用（餐具）"之类的人物。除此便是另有图谋的人士。买东西送人，或者买了存而不用，都不属严格意义的"消费"，由此，更别说"知假买假打假"了。

　　除此之外，观看一个"法律事件"，不单要看与其有直接关系的法律文字，而且要瞧"周边相关法律的条文文字"的情况。这是说，有时，看似有关的法律文字兴许不能管用，而其他"稍远"的法律文字则，可派上用场。在"知假买假"的案子里，《消费者权益保护法》第 49 条不太顶用，可是，《民法通则》里的文字可以发挥作用。《民法通则》的文字说，买卖东西时双方的意思表示要真实，如果不真实，买卖行为算是没有意义了。专业词汇说："这叫无效民事行为"。知假买假者购买假劣商品，显然没有"真实"的买意，没有买意还去交易，便是法律上的无效操作。无效操作的结果则是双方返还原物。这里，依然没有"知假打假者"捞取便宜的地方。

　　或者，不是单看直接的法律文字，也不是单看周边的法律条文文字，而是直指法律"实质"，追觅法律的原则、精神，或者立法的原意一类的东西……

这也是一种解释方法。[1]

二

在法律解释的活动里，可以看出，阅读解释者想要解决两个问题。其一是"一般意义"的法律，其二是"具体意义"的法律。

头一个是指"法律地盘"的划定。这意思是，找法律应该有个大致范围，不能随便在任何地方去追觅法律的踪迹，在社会中，总有法律、道德、政策、情理、习俗一类的东西，它们之间有个区别，不在那些东西之中圈出何为法律的地盘，便可能在下一步不是用正规的法律去解决问题。其实，阅读解释者总会有个大致的"目标域"，并以为，"目标域"就是法律的地盘。在划定了"法律地盘"之后，他们才来仔细查看法律的"家族谱系"，在"家族谱系"中，确定"长幼关系""何者为尊"，即何者可以首先用于"知假买假"。

---

1 以上事件情形，以及争论，参见杨立新：《"王海现象"的民法思考》，载《河北法学》1997年第5期，第1—7页；梁慧星：《关于消法四十九条的解释适用》，载《人民法院报》2001年3月29日第3版。关于法院的不同意见和审判实践，另见袁飞：《上海驳回一例仿"王海"式索赔请求》，载《第一财经日报》2006年2月13日第A06版；孙玉荣：《民法上的欺诈与〈消费者权益保护法〉第49条之适用》，载《法律适用》2005年第4期，第88页；胡铭、陈晓林：《职业打假长沙遭遇红灯》，载《中国质量万里行》2004年第6期，第74—76页；刘学华、贺艳：《三名"王海"败走麦城》，载《中国商报》2000年9月13日第002版。北京法院、天津法院的情况，以及北京一些法院法官对天津法院做法的不同意见，参见王进：《王海打假败走津门》，载《南方都市报》1998年8月27日第008版。

后一个"具体意义"的法律是指"法律地盘"里的具体分子。在"知假买假"的案子里，《消费者权益保护法》第49条、《民法通则》里的这规定那规定，便是具体分子。在我们的语言习惯中，如果拿出某条规定，并说这是案子的判决依据，我们便是宣称"找到"了具体分子。其实，阅读解释者在查看法律"家族谱系"之际，正是在"寻找"具体分子。

现在，回到"知假买假"的案子里，看看在阅读解释者的阅读解释中，上述两个问题的"图景"。

大抵可以发觉，那番阅读解释能够分为两类，一类是"大众平民式"的法律话语释放，一类是"法学精英式"的法律话语释放。所谓法律话语，是种"知识状态"，是种环流于法律实践之中"操纵""左右"人们言说的背景意识形态。当有人表达一种法律意见时，那些"知识状态"或说意识形态，已在暗中"出谋划策"，并且，已经揭露法律意见的"出处"并非来自第一、第二或第三人称的主体"你""我""他（她）"，而是来自"出谋划策者"本身。这便是人们习惯说的："不是你在说话，而是话在说你"。

"大众平民式"的法律话语，随意、常识、开放，并时而带有情绪化。它对法律文字的态度可说"潇洒"。在"知假买假"案子里，这类话语不会死揪这法律条文那法律条文的表面字词，也不会太在意法律的本身原则、精神、立法原意之类的"大东西"。换句话说，它不会，而且也不太希望在法律的"内在秩序"之中转来转去。相反，它的叙事出发点，倒是民众的现实需要。为什么不能

"屈尊"下来琢磨琢磨当下百姓的心思？为什么非要在各类法律条文之间挑来挑去？为什么不能想想法律的外在目的或说远方目的？为什么非要揪住第49条"消费者"的"严格含义"，以及《民法通则》之类条文的严格解释，以及什么法律原则、立法原意？我们国家制定法律，其目的不正在于为了百姓的意愿？这些，都是"大众平民式"话语试图找问题的地方。

这样一种"潇洒"态度，表明"大众平民式"的法律话语，在"一般意义"的法律和"具体意义"的法律上，都是超脱的。它以为，"法律地盘"应该扩张，法律家族谱系大体也是应该无限，法律具体分子本身同样是"灵活"的。因为，法律的目的不在法律，而在其外的大多数民众意愿。

反过来，"法学精英式"的法律话语则是"刻板"、专业、拘谨了。它时时是理性化的。对法律文字，这类话语谨小慎微。就"知假买假"而言，它乐意坚守白纸黑字的字眼儿。如果坚守的结果不尽如人意，它便会搜寻法律的其他条文、本身原则、本身精神、立法原意一类的东西，即便进而在其他条文、原则、精神、原意的东西里不能发现答案，它也绝不越雷池一步。反正，这种话语的习惯便是在法律的"内在秩序"之中转来转去。这是"学科知识"意识形态的控制结果。

此类精英话语，展示了在"一般意义"和"具体意义"法律上的谨慎姿态。它认准，法律应该画地为牢，法律家族的谱系，也应有始有终，法律具体分子本身照样是"铁板一块"。精英话语宣称，法律的目的虽说有"外在"的，但也有"内在"的。人们制定法律，有时正是因为法律自己有个优点。倘若时时打破法律的"栏栅"，跳出法律的圈外，法律的公开性、可预测性，也就无影无踪了。而没了公开性和可预测性，这社会上的事情，还会杂乱无章。

三

现在，可以提出这样一些问题：法学精英式的阅读解释有何不妥？在"知假买假"的案子里，人们对法律文字争得天翻地覆，精英话语的解说，不正可以显露权威、一言九鼎？在现代社会中，法律乃至法学都是"职业性"的，就像医疗和医学一样，它们可以充作"专业"上的指路明灯。由此，为什么不能像病人求医一样，将法律上的麻烦事交给精英话语的操持者，让其诊断一二、开个药方？

这些是人们最为容易提出的问题。

在"知假买假"的案子里，不少人，尤其是一些法学专家，都说精英话语式的阅读解释理所当然。虽讲此类阅读解释也有不同意见，比如，有人讲要严格解释"消费者"，有人讲要打探其他相关法律条文的意思（如《民法通则》），还有人讲要挖掘一下"法理"的底蕴，等等。但是，这些不同意见依然是法律"内在秩序"里的"各种意见"。概言之，在法律"内在秩序"之中来回穿梭，就"法治"而言，仍是不能丢掉的"万变不离其宗"。如此阅读解释，都是"法律牌子"的产品。而对比来看，大众话语式的各类阅读解释则是旁门左道了。它们即便不是"冒牌"的也是杂牌的产品。如果有人听从那些解释的意见，便似乎有些患病去寻江湖巫医的意思，全然属于误入歧途。

这类看法，犹如前面提到的一准儿认定城里人是个"智"、乡下人是个"愚"，将精英话语式的法律解释，奉为了"解释的知识贵族"，而且断定，那类解释具有"正当性"。

现在，看看这看法的毛病。

法律解释的意见，如果想要成为真"智"，或者具有"正当性"，在法律的语境中必须符合一个条件：和法律文字制定者的原本意思相契相合。这里有两层关系需要道来。

第一，一般来讲，人们会以为法律文字出自"书写者"——立法者——之手，所以，没有"书写者"的原意在其中便是一件怪事。既然"书写者"将自己的意思放入了法律文字，那么，阅读解释就要符合原意。谁让法律文字出自别人之手，而我们自己是阅读解释者呢？古人云："凡议法者，当先原立法之意，然后可以断狱。"[1]换个意思来说，这就有如解读一部小说，小说作者总会具有自己的意图，阅读者抓住了这个意图，自然更会理解和欣赏小说。中国立法者制定出了《消费者权益保护法》，而且列出了第49条的小文字，如此，在第49条之中必有立法者的原本设想和企图。找出了原本设想和企图，也就找出了这条法律的"真意"，找出了"真意"，

---

1 司马光：《傅家集》，收于刘俊文编、北京爱如生文化交流有限公司制作：《中国基本古籍库》，黄山书社2002年版，第310页。

再依此断案，正是人们津津乐道的不折不扣的"依法办案"。

第二，法律解释符合原意，这是"政治道德"（political morality）的基本要求。现代人们已经认定，立法权和司法权的分开是天经地义的事情，立法者只管"书写"文字，司法者只管"执行"文字，这样，才会避免政治学时常提到的"专横跋扈"——专制。同时，司法者还要尊重立法者，凡事要重视"立法原意"，不能自作主张，当法律文字不太"清楚"之时，更要如此。眼下，出现了解释麻烦，司法者不去追觅法律文字"书写者"的原意，而是"另辟蹊径"，我行我素，这便等于司法者自己"既扮钦差又当皇上"，将立法权和司法权偷偷地共同按在了自己帐下。此等作为，和"书写者"自己书写后再去自己执行，殊途同归，或说同为专制。落在我们《消费者权益保护法》第 49 条上，可以认为，阅读解释者在这条意思上"自作主张"，便等于是断案过程中新立了"另一第 49 条"，这是既司法又立法，叫人不能接受。

显然，这两层关系预示，要想标榜自己的阅读解释具有"正当性"，则必须证明自己找到了立法原意。而其他任何解释方法，只要不能衔接"立法原意"，自然都是没有"正当性"的。

四

然而，能否找到这个原意？

回答如果是肯定的，我们的讨论就此应该停止。再说下去，等于在常识中讲常识。相反，回答如果是否定的，我们便会摸向费先生的"乡下人和城里人"的解构路标。

可以认为，至少能够搜寻两个理由，表明这个"原意"极为可能无法找到。先说头一个。"原意"，大体是指"原有的意思""原有的意图"。此处的"意思"或"意图"，是个心理学的词语，它们在示意个人心里想什么琢磨什么。打这点出发，在和某人对话的时候，我们自然可以反复盘问这人说话的"本意"，从而挖出他（她）的心理观念。但是，现代社会的立法机构不是一人，而是由一些人组成的一个实体。讲一些人想什么可不同于说一个人想什么。而且，讲一个立法机构本身想什么，本身恰是有些别扭，毕竟立法机构不是一个"活人"。立法机构这个词语，有些法学上"法人"的味道，仅指"机构"不指"活人"。故而，讲立法机构的"心理意图"似乎有些用词不当。接下去，显然，人们不易像盘问个人一样，追问立法机构的意图。当然，如果一些人会像一人一样思想行动，倒也未尝不可去说个"立法机构意图"。问题是，一些人时常不会像一个人那样众口一词、"说一不二"。在"书写"法律文字的时候，情形更会如此。立法机构里有起草者、投票者、签署者和公布者，实在难以想象，他们会在法律文字上面像一人一样，"心往一处用，劲往一处使"。如果追觅"立法机构意图"的活动正是追觅其中所有人的心理意图，这结果，恐怕就是徒劳无功。美国学者德沃金（Ronald Dworkin）说了：

　　只要认为立法意图是某人内心思考而用投票方式来表达的问题，我们便必须将具体个人的心理状态视为头等因素。可立法机关本身没有思想。因此，坚持意图论必然要为如何将所有个别意图合并成集体的、虚幻的意图而自寻烦恼。[1]

　　更为重要的是，对中国"知假买假"这类事情，中国立法成员"书写"法律文字（比如第 49 条）时兴许连想都未想过。

　　再说第二个。法律文字是个"文本"。而对"文本"，有个"主观"的阅读解释。"主观"是说阅读解释者头脑里有自己的"前结构"。"前结构"包括了"知识状态"、"价值偏见"（这里的"偏见"不含贬义）、"叙事立场"，等等。这类前结构，在不同人那里，自然具有不同的品性，从而操纵左右了阅读解释者的阅读解释。对法律文字是这样，对找到的所谓"意图"那个东西，同样如此。就《消费者权益保护法》第 49 条来说，有人可讲，那里边的"意图"就是"保护消费者的利益"，但什么叫"保护"？怎样才算"保护"？人们找到的"意图"，也需用文字来表述，而凡是用"文字"来表述的东西，难免遭遇阅读解释者"前结构"的控制。于是，假如宣称找到了一个"立法意图"，谁能确保这"意图"是立法者的，而不是阅读者自己的？

　　通过这两点理由，当然可以发觉，第一，也许我们时常设想的

1　Ronald Dworkin, *Law's Empire*, Cambridge: Harvard University Press, 1986, pp. 336-337.

法律"书写者"在法律文字之中留下意图遗迹这一情形，原本就是"假设"的，因为，无从证明遗迹的存在；阅读者终究面对的是"文字"，而不是"书写者"讲述的"自己想法"。第二，作为司法者的阅读者，天天都会遭遇解释烦恼，这在法律实践中已是人人皆知。在理论上，他可以日日请示"书写者"，问问在"知假买假"上，"书写者"有何心思。可是，真想这般操作，需要无法计量的成本资源，而且在体力上不累死请示者，也会累死"书写者"，接下来还会耽搁许多需要即时解决的纠纷或困扰。还有，尤为关键的是，日日请示又会神差鬼使地慢慢叫"书写者"既成为"书写者"，又成为"执行者"，这最终又将促成两权（立法权和司法权）合一的"专制"。所以，在解释法律文字时，自然不能像两人对话那样，其中一人可以不断通过追问去"找"另一人的说话"原意"。

由此说来，阅读解释一定是阅读解释者自己的分内事情。而且，做分内事情时拼出命来、鞠躬尽瘁，解释者依然是无法寻觅"立法意图"。寻觅不到"立法意图"，阅读解释的"正当性"永远悬而未决。

再看精英话语式的法律解释。通常来说，那种话语，喜欢在"法律文字"的严格意义、相关法律条文、法律原则或者精神之类的东西之间转来转去。当然，它也喜欢甚至最为乐意在"立法意图"上，究个一二。但是，上述一番解说已经表明，除了追寻"立法意图"之外，其他解释方法都是欠缺一个"正当性"，而"立法意图"，又是一个显露"斯芬克斯神秘微笑"的怪奇精灵，没抓时似乎在手，去抓时杳无踪迹。

现在，可以大致断言，在法律解释"正当性"的问题上，并未显出精英话语式的阅读解释是个"智"，而大众话语式的阅读解释是个"愚"。用褒义词的话，可说它们都不错。用贬义词的话，可说它们都差劲。在"知假打假"的案子里，两类法律解释无所谓高低，人们更是没有理由认为，法学精英的套路一定就是体现法律正当性的当家权威。

五

在本文开头，笔者提到了费先生的解构策略。在费先生的笔下，城里人的"懂"与乡下人比来比去，难说前者是"智"，后者是"愚"。而在法律解释的活动中，我们也能发现，人们习惯以为的法学精英式的"知识状态"，也难说是高出大众平民式的"知识状态"一截。如此，人们也就没有理由在"知假打假"那类引起争议的案子里，去说：随意、常识、开放而且时常带有情绪化的"百姓的法律解释"，注定是"愚"的，或者错误的。当说百姓家常式的法律解释远离法律的立法原意，故而是"愚"的，也就等于在说，精英专业式的法律解释偏离那原意，因而也是"愚"的。实在来讲，不能认定谁更能贴近立法原意。毕竟谁也无法证明自己才是一个"正宗"。

我们将这里的理路再引申。

在《文字下乡》这篇文章中，费先生有点这个意思：如果城里人一定认为自己是"智"，乡下人是"愚"，那么，在文化上，城里人可能便会强行贩卖自己的知识产品。这个结果，有时是无益的，有时是无理的甚至是霸道的，进一步的结果，还可能破坏了乡下人原有的利益。

在法律解释中，类似的情形可能也会出现。就"知假买假打假"的事件来说，如果认定法学精英式的解释是理所当然的，那么，这就是将精英话语的知识产品，强加于大多数平民百姓。而当那类知识操纵的解释无法证明自己代表了"立法原意"，其更是在法律上，树立了无理的霸权。

而对"知假买假打假"，大多数平民百姓又是乐不可支的。他们知道，在主观道德上，知假买假兼打假的动机的确难说"纯而又纯"，讲其略有私心，绝对可以。但是，在大面上，打假者的全套行动是值得夸耀的。它使知假卖假的奸商战栗不安，使卖假行当有所收敛，而平民百姓自是获益匪浅。现在，假如认为法学精英之类的法律解释应占上风，那么，"知假买假打假"本身便成了"打假"对象。接下来的结果，奸商卖假依然如故，百姓利益依然受损。

可我们天天在说：法律应该而且必定要代表大多数的利益！

还有更为打紧的问题。

我们都在警惕一个东西：不能让少数人统治多数人，或说叫前者站在后者头上。因为，这是没有理由的而且也是危险的，"专制"正是暗藏其中。人们制定法律，初衷之一就是防止专制，就是尽量避免少数人耀武扬威。起码，在民主社会中，这是一个人们不断提到的政治理想。现在，在法律解释中，让法学精英式的"知识状态"获得了"领导权"，这是否有点不自觉地将少数人抬上了社会权力的上端？不应忘记，在中国，法学精英式的"知识状态"的拥有者，就像城里人一样，通常是些"少数人"。在"知假买假打假"的争议中，这也是很清楚的。如此，在法律解释中，放任法学精英式的"知识状态"，放逐大众平民式的"知识状态"，有时是否等于在前门赶走了专制者，在后门请回了专制者？

城里人和乡下人，的确有个区别。我们也不能否认，就人类学所说的"大传统"知识来讲，乡下人有些不如城里人。在从农业式的前现代社会向工业式的现代社会转变中，乡下人多半是要跟在城里人的屁股后面，"步步为营"。可这需要一个前提：城里人要尊重和理解乡下人的意愿和利益。盛气凌人是不"正当"的，抛弃丢掉乡下人的意愿和利益，就更是不应该的了。

在法律的语境中，精英知识的把持者似乎对应了"城里人"这个社会学符号，而大众知识的拥有者，似乎对应了"乡下人"。

自然，当试图推进法治构建的时候，法学精英应该引导平民大众。谁也不会否认，法学精英可以传播法治知识，带领百姓步入法治天堂。但是，制定出来的法律文字总会出现"解释的困惑"。在"知假买假"那类争议事件中，人们会站在自己的利益立场，来相互张扬、对抗、抑制。此时，法学精英知识的把持者应该反省自己的叙事立场。而位居至关重要的审判席上的"解释者"，更应注意各类解释背后的利益意愿，不应像城里人习惯的那样，手持法学精英的知识，盛气凌人，甚至抛弃丢掉大众平民的真正意愿和利益。

六

如果还引申的话，那么，我们似乎还可认为在法律解释的活动上，不仅法学精英式的话语释放和大众平民式的话语释放是平等的，有时，我们更应让后者"领导"前者。因为，出现了法律解释，就是出现了"法律争议"，而"法律争议"正像政治争议一样，需要大多数人的"民主解决"。如此，不仅在制定法律文字之前需要"政治民主"，而且，在法律解释之中需要"法律民主"。毕竟，"民主"这一正当性根基，是不能丢掉的。

法律科学？ [1]

　　认为以探寻普遍规律为宗旨的社会科学能够产生出普遍的知识，这是一场打赌。现在回想起来，这场打赌实际上是有很大风险的。因为，与自然科学所界定的自然世界不同，社会科学的对象领域有其自身的特点：不仅研究对象包括了研究者本人，而且被研究的人还能够与研究者展开各种各样的对话或辩论。[2]

　　法理学是审判的一部分，是任何法律判决的无声序言。[3]

　　本文，讨论"法律科学"的性质，以及法律思考的外部视角和内部视角，并从中深入发挥。

　　大凡研读法律的学子，都熟悉"法律科学"这用语。不奇怪，打开法理学、民法学、刑法学、行政法学、诉讼法学之类的书籍，随处可见"科学"的标签。人们已经习惯：只要是法律学问，便应

1　原载《天涯》2000年第4期，第27—30页。现略修订。

2　华勒斯坦等：《开放社会科学》，刘锋译，生活·读书·新知三联书店1997年版，第54页。

3　Ronald Dworkin, *Law's Empire*, Cambridge： Harvard University Press, 1986, p. 90.

有"科学"的品格。

　　大概一两个世纪以前，"科学"一词，进入了法学的语境。随后，不少人断言，这是一场法律学问的革命。为什么？因为在这以前，法学总是被以"宏大叙事"为出发点的思辨所笼罩。比如，霍布斯（Thomas Hobbes）和洛克的法学，就喜欢从"自然状态""社会契约"这类大词出发，导出源源不断的一套说法，[1] 而像黑格尔（Georg W.F. Hegel）的法学，就更"宏大"了，非要从"绝对精神"那里演绎出"客观精神"，然后在"客观精神"中推出国家法律的所有道理。[2]"科学"话语的进入，似乎让人发觉"宏大叙事"的根基不稳固，以至青睐"科学"一词的人，时常像休谟（David Hume）那样毫不客气地提出疑问：我们怎么知道那些大词说的东西，是真的，还是假的?!

　　从这时起，"科学"在法学家的眼里，属"经验的""实证的"叙事手段，它可用来发现、思考"实实在在的法律现象"。而且，"法律科学"还被标榜为"客观的""中立的"的学说理论，因为，法学的观察者，是从纯粹的外部来认识法律现象。这，正如同一位传统的人类学家，或者社会学家，来到异国他乡，平心静气地看看那里法律到底是如何建立、如何运作的，而自己，根本无须融入其中，体验发生的种种法律事件，与之共欢乐、共忧愁。概括

1　见霍布斯：《利维坦》，黎思复、黎廷弼译，商务印书馆1985年版；洛克：《政府论》（下篇），叶启芳、瞿菊农译，商务印书馆1983年版。
2　见黑格尔：《法哲学原理》，范扬、张企泰译，商务印书馆1982年版。

来说，法学家，能不偏不倚地地剥离出社会中法律的"方与圆"，因为，自己可戴上没有颜色的观察眼镜。

以这样的雄心勃勃，"法律科学"宣布，自己的作用，便在于从已看到的法律制度中，清理法学的基本原理，把它说清楚、道明白。由此，法理学、民法学、刑法学、行政法学、诉讼法学以及其他不断被人尊为"法律科学"的科目门类，便不断涌现，并以"公允的外部立场"，输出"法律的概念""过错""故意""责任""控辩"等原理式的话语。"法律科学"自认为，从立法到司法，再到所有人的一举一动，莫不以其讲述的"原理话语"为根据，任何人，都会像它那样站在外部立场来论法，虽然，有时对法律有些牢骚或意见。因此，知道了"原理话语"的内容，也就知道了社会中的法律运行。

一

可美国出名的法官霍姆斯却讲，这"科学"，不大有用！ [1]因为，在打官司的时候，"律师"根本就不会拿它当回事。"律师"，有他自己观察理解的方式。一个案子到了手里，律师要凭自己的经验来思考，虽说不全是"算命占卦"，但起码不是"客

---

1 霍姆斯也使用过"法律科学"这个词，并说法律和"法律科学"有关。但是，他的意思，和前面提到的"法律科学"不同，而是预测性的"科学"。参见下文。

观中立"地说话。[1] "律师"和"法律科学"，对法律的理解，全然是不同的。这其中的要紧之处，恰在于"律师"是以内部的立场来看法律。内部的立场，是说此刻的观察者，并非平心静气地论说法律，而是参与法律争议之中，和法律实践中的那些社会角色，比如当事人，患难与共，而且其社会角色的定位要求他必须这样，要求他，必须为自己的客户服务，而不是站在外部立场来论长论短。

当然，有人可能这样认为，如果"法律科学"的整套理论非常扎实，将社会法律的问题讲得十分准确，将法律理论彻底变成法律实践的翻版拷贝，那么，律师再我行我素，自然在实践中还是步履维艰。因为，其他人，都在依据"法律科学"所说的那套，"一本正经"、循规蹈矩。

但霍姆斯给出了两个理由，来说明这是不可能的。其一，法院里的那些法官，时常自立一套，其本身，就将"法律科学"大致议论的法律或法律原理搁置一旁，终于使得法律，只有"偶然的经验"而无规律，也即，人们不大可能发现法官是在三段论地推理判决（法律文本是大前提，案子是小前提，判决是结论）。[2] 于是，律师要想有所作为，就不能完全注意"法律科学"，盲目崇拜。其二，打官司，便

1　见Oliver Wendell Holmes, "The Path of Law", *Harvard Law Review*, 10 (1897), pp. 457-478。

2　见Oliver Wendell Holmes, *The Common Law*, ed. Mark Howe, Boston: The Belknap Press of Harvard University Press, 1963, p. 1。

是追逐利益，追逐利益，就意味着从"坏人"（bad man）角度算计得失。[1]此时的"坏人"，当然不是道德上应予大加鞭挞的"恶人"，而是类似凡事以自我利益为出发点的经济人。此类人，如果利用法律资源来获得利益，那不是他的过错，而恰是他的权利。起码，许多法律，正是给人们提供了算计利益得失的机会，而且愿意这样，比如，允许选择不同法院的管辖。所以，律师抛弃外部立场，盖缘于背后有个"合理的"利益驱动（律师自己也有个律师费之类的利益）。加上法院时常自立规矩，如此，更应允许"内部立场"的选择。

在这里，霍姆斯的两个理由，是颇为重要的。可更重要的是，他从那里推出了这样一个问题：为什么非要从所谓的"客观""中立"的外部立场来论说法律，以至非要推出个所谓的"法律科学"？为什么不能从律师或"坏人"的"主观""偏狭"（所谓的"偏狭"）的内部立场，来看法律，以得出个实用的"预测科学"？霍姆斯的言外之意，是想说明，在法学的课堂上，至少看不出只讲外部的"法律科学"而不讲内部的"预测科学"，才是对的。于是，我们就看见了霍姆斯的经典论说："法律实际上是对法院判决的预测。"[2]由此而来的法理学、民法学、刑法学、行政法学、诉讼法学等学科的学问，便在于像律师那样，预测"法律的概念""过错""故意""责任""控辩"这些语汇的实际结果。

霍姆斯的发难，出现于19世纪末，但没过多久，便遭遇"法

---

1 见Holmes, "The Path of Law", pp. 459,461。

2 Holmes, "The Path of Law", p. 461.

律科学"主流话语的全面批评，稍后归于沉寂。"法律科学"的主张者宣布，霍姆斯的第一个理由，以偏概全了。法院判决案件，有时的确"不太规矩"，但那是少数情形，不足挂齿。多数情况下，法院的自我约束堪称一流，它们非常自觉，对明确的白纸黑字的法律规则（"法律科学"通常说的也是这个）是尊重的。如此，怎能说"法律科学"描述的"规律"，是没有任何用处的？就霍姆斯的第二个理由来讲，就在当事人中也有虔诚的道德自律优良的"好人"存在。这些好人，并不算计利益得失，而是自觉守法，并且时常追问自己的良心。即使在律师之中，也不乏这类人。实际上，假如坏人多，好人少，社会的规则秩序早就崩溃了。依此而言，"法律科学"的外部立场，仍然有效。

应该这样说，对霍姆斯的批评有点道理，但，它毕竟是不到位的。霍姆斯话语的关键，是质问"外部立场"，或曰质问"法律科学"为何主张"外部立场"而放逐"内部立场"。

这里涉及"法律科学"的另一假定。一般来讲，这种"科学"相信，法律学问建立的出发点，是法律语汇的通常用法。[1]这是说，社会上对与法律有关的语汇的用法大体一致，比如，对"法律""责任""过失"等就是这样，就如同我们讲到"人"这个词时，大家总会对它有大体的一致意见，比如，说它是"理性的动物"的意思。于是，在此基础上，即可建立"客观""中立"的科

1 参见凯尔森：《法与国家的一般理论》，沈宗灵译，中国大百科全书出版社1996年版，第4页。

学学问。可霍姆斯的质问包含着一个前提性的隐蔽质问：怎能知道在法律实践中，各类人可以大体一致使用这些语汇？真正的情形可能是，在法律实践中，由于社会角色和利益的不同，法律语汇的使用也会不同。如此，何来"客观""中立"的科学学问？进而言之，主张"外部立场"放逐"内部立场"，在前提的层面上，同样是人为地建立"霸权"。

二

　　再讲对霍姆斯的批评。

　　那里提到过，"好人"是比较虔诚的。"法律科学"的支持者设想，"好人"不少，法院的大多数法官也是颇为自觉的，对"法律科学的原理话语"，不轻易放弃。既然如此，"原理话语"是会得到大多数人赞同和遵循的，因而，具有了一定的"客观性"和"中立性"。[1]

　　可是，好人和大多数法官的心态良好，这是否意味着，他们具有同样的"法律和法律原理"的观念？如果有，"法律科学"的外部立场，兴许是仍能坚持的，如果没有，问题可就太严重了，因为，我们将不得不最终抛弃"科学"的外部立场，而采取"实践"的内部立场。说到这里，我们就要提到美国法学家德沃金（Ronald Dworkin）的理论。

1　见H.L.A. Hart, *The Concept of Law*, Oxford: Clarendon Press, 1961, pp. 121-149。

　　讲起德沃金，我们先说一下他议论过的一个例子：英国麦克洛克林诉奥布莱恩索赔案（*McLoughlin v. O'brian*）。

　　麦克洛克林，是名妇女。一个下午，当时针指向6点，邻居跑来告称，她丈夫和四个孩子在下午4点发生了车祸。知道消息后，麦克洛克林很快赶到了医院。一进医院，她便得知一个女儿已经死去，并且，亲眼见到了丈夫和其他三个孩子血肉分离的惨状，由此，精神大受刺激。原来，这车祸是一个叫作奥布莱恩的司机造成的。没过几天，麦克洛克林就把奥布莱恩告到了法院，要求他赔偿精神损失（其他损失的要求自然不在话下）。麦克洛克林宣称，以前的英国一系列法院判例表明，车祸造成的精神损失，完全应该获得赔偿，所以，现在的法院，一定要"遵循前例"，给她一个"安慰"的说法。

　　可这案子毕竟有点棘手。

　　因为，在麦克洛克林找出的一系列判例里，原告要么是亲眼看见了惨祸的发生，要么是在几分钟之内赶到了现场。比如，其中一个就讲，一名妻子就是在丈夫车祸死亡之后立即赶到现场并马上看到了尸体，所以，获得了精神赔偿。另一个讲，原告在火车相撞后立即赶到了现场抢救伤员，在抢救过程中，因目睹惨状而精神深受刺激，所以，才有了精神赔偿的判决。但是，在麦克洛克林的案子里，麦克洛克林是在两小时之后赶到的。这"两小时之后"和"现场"或"几分钟之内"，有没有区别？换个问法，麦克洛克林在两小时之后受刺激，是否足以使该案类似那些判例？

　　英国初审法院说，麦克洛克林的理由，不能成立。因为，"两小时之后"和"现场"或"几分钟之内"的区别，是颇为紧要的。那区别表明，麦克洛克林的精神伤害，对奥布莱恩来说，是"不可合理预见的"，而在判例里，原告的精神伤害，对被告却是"可以合理预见的"。普通法（common law）的一个原则正是：疏忽行为者仅对自己可合理预见的伤害负责（因为经过正常思考可以预先知道会发生什么）。接着，初审法官大笔一挥，判麦克洛克林败诉。

到了上诉法院那里，法官维持原判。不过，这里的法官则说，对奥布莱恩而言，麦克洛克林的精神伤害可以合理预见。当麦克洛克林作为妻子和母亲，冲到医院，看到惨状中的亲人，自然会受到刺激。该案和那些判例的确有区别，但区别的理由，不在"两小时之后""现场"或"几分钟之内"什么的，而在"政策"问题。第一，可以看出判例确立了一些严格条件，来限制精神赔偿的范围。假如承认精神伤害的赔偿范围不受限制，包括那些没有或几乎不在现场亲眼看见的人，就会怂恿各种有关精神伤害赔偿的法律诉讼，使法院讼满为患，并使判决标准难以确定了。第二，诉讼数量和标准的失控，会叫真正在现场目睹事故而遭受精神伤害的案子，不易举证查清，如此，就会拖延赔偿的时间。第三，这还会给那些不诚实的人提供机会，令其寻找医生，来假证自己并不存在的精神伤害，从而不公正地加重被告一方的负担。第四，在大面上说，那还会增加社会责任保险的成本，使驾驶车辆和其他技术操作的价格上涨，从而使经济上拮据的人无法为此支付成本，并让人们颇为依赖的交通等技术，成为阻碍经济发展的因素。

二审下来，麦克洛克林还是不服。案子随之到了英国上议院。上议院的法官老爷，依旧维持原判。但，他们也拿出了不同的说法。多数人说，"政策"理由在某些情况下讲不通。因为，诉讼数量的增加，对法院审判不会产生严重影响，在麦克洛克林这类案子里，法院有能力区分真正的精神伤害赔偿请求和虚假请求。这些法官老爷提出这样一个问题：如果麦克洛克林的姐姐，在澳大利亚数星期或数月之后，听到悲惨消息而受到精神伤害，那么，她是否可以获得赔偿？答案是显然的：不能获得。另有少数持不同意见的人说，不应考虑什么政策理由，应该考虑"法律上的平等对待理由"。这是讲，如果奥布莱恩可以合理预见麦克洛克林的精神刺激，就不能用政策理由，驳回麦克洛克林的赔偿要求，而要用"平等对待"的原则，承认麦克洛克林和判例中的原告具有同样的权利。纵然讼满为患和社会责任保险成本的提高对社会整体怎样不适宜，都不能证明驳回麦克洛克林的请求，是正当的。政策理由，对立法有用，可它不是法院"法律推论"的一个理由，法院的"法律推论"，不应拒绝以往法律制度已经承认并且实施的法律权利和义务。[1]

三

在麦克洛克林案的三次审判里，能够清晰地发现，法官对什么

---

[1] 见*McLoughlin* v. *O'Brian* (1983) 1 A. C. 410。

是"法律和法律原理"有着不同的观念。初审法院以为，普通法的原则，才是法律和法律原理。上诉法院认为，政策的理由，才是法律和法律原理，而上议院有人则确信，"平等对待"，才是最根本的法律和法律原理。

于是，德沃金断言，当法官在审理案子时，他们经常是极为负责任的，属于"好人"那一类人。可这，不表明他们接受了同样的所谓"客观中立"的法律及法律原理，在发生争论的时候，尤其如此。德沃金提醒我们注意这样一些东西：第一，"好人"或自觉性特高的法官的背后时常没有利益的驱动，他们是在关注社会，以"匹夫有责"为己任，正因为如此才竭力为自己的主张作出确证（justification），但终究是"参与式地"而非"客观中立"地这样做；第二，他们争论本身就已时常表明，他们具有不同的一般法律观念，说到根子上，他们对基本的法律观念具有不同的意见，并不认定"法律科学"给出的原理话语是唯一的法律观念，因为，他们极为可能具有不同的政治道德信念。[1]

德沃金说，我们可以推而广之地将这种分析，运用到社会其他角色身上。这是缘于我们经常可以发现，不仅在法庭上，而且在法庭之外的社会上，人们时常都在争论法律问题。而这种争论的"潜流"，恰是相互对立、排斥、斗争的一般法律观念。[2]

既然如此，"法律科学"怎能将一个所谓的"客观中立"的原

1　见Dworkin, *Law's Empire*, pp. 1-44。

2　见Dworkin, *Law's Empire*, pp. 13-14。

理话语，硬塞给一般人？法律争议中的各类角色，都在"积极地争夺"，而不是"客观地观察"，就算有时标榜自己是"客观中立的"，其实质也是在暗中鼓吹自己的从而压抑别人的法律话语。在这里，怎能出现一个所谓的外部立场？

有一问题也应说清。在麦克洛克林索赔案里，法官用来论证自己观点的那些"法律原理"，和某些书里讲的"法律原理"，正是一样的。有些书就讲，法律的基本道理就在于"相似情况相似对待"（法律的普遍性），而有些书则讲，法律的基本预设就在于"效益"（法律的经济目的）。因此，法官说的和书里说的，只不过在于"实践中"和"理论中"之间的不同。这般讲来，在法律争议中，"法律科学"号称的原理话语实际上照样可以成为法官用来证明自己观点的"实践话语"。所以，德沃金相信，在实践性的法律争议里，"法律科学"的原理话语也会"原形毕露"，最终还原为一种内部立场的张扬。

四

现在，将霍姆斯和德沃金的策略合而为一。

在打官司那样的法律争议中，坏人从不关心法学家所宣称的什么"法律科学"原理，他只想预测、只想知道，官司的结果到底是否有利可图，毕竟，长期的法律实践没有告诉他，法律真是不折不扣的"统一一致"，法院真是彻头彻尾的"规规矩矩"。而就好人

（当然包括大多数法官）来说，尽管没有明确的利益驱动，他们也会在争论中互不相让，会在不同的政治道德话语操纵下，你争我夺，试图用自己的法律话语战胜他人的。因此，"法律科学"的外部立场，貌似客观中立，实际上要么被人冷落一旁，要么"自觉"地站在一方攻击他方。在坏人中是这样，在好人中也是这样。

其实，在法律争议中，参与者通常总可分为"坏的"和"好的"，如此，法学家想象的外部立场的"法律科学"，当然没有立锥之地。既然没有立锥之地，它的意义究竟有多大？"法律科学"家们，习惯于以自己观察理解的方式告诉被观察的那些人，法律如何如何，可后者在争议时照样我行我素。

霍姆斯和德沃金的意见是：抛弃外部立场，采用内部立场，将法学变为"积极参与"社会实践的"内部"学问。

另有一点补充。假如果真认为外部立场的"法律科学"可以"客观中立"，那么，在法律争议中，就会认为它所输出的原理话语是唯一的法律真理，从而就会"不合理地"甚至"危险地"压制其他的法律话语。而人们总还是可以看到，至少某些不同的法律话语，有存在的理由和意义。对于实际的法律生活，这是尤为重要的。

美国人手里的牛津大学法理学教授职位

——德沃金的革命 [1]

> 如果将法律明确规则背后的诸多法理、政策、目的、准则、精神之类的原则视为法律的一部分，那么，必须否定法律实证主义的一个纲领。这一纲领以为，通过某种以基本规则形式展示的确定标尺，可以将社会中的法律规范与非法律规范区别开来。[2]

在说英语的法理学世界里，牛津大学法理学教授的职位，恐怕是非常重要的。要命的是，那还是一个只能一人独享的位置，使得行内人心里非常明白：谁要是有幸受聘，必定是权威中的权威。

英国人大度，至少，从1931年开始的近七十年里，在三次教职易手的过程中，他们让一个半美国人出尽风头。注意，1931年至1951年，半个美国身份的古德哈特（Arthur Goodhart，生在美国，长在英国）担任教职；1969年至2000年，完全美国身份的德

---

1 原题：《美国人手里的牛津大学法理学教鞭——德沃金的法理学革命》，载《比较法研究》1998年第4期，第331—335页。现略修订。

2 Ronald Dworkin, *Taking Rights Seriously*, Cambridge: Harvard University Press, 1977, p. 44.

沃金担任教职；而仅仅在 1952 年到 1968 年的 16 年光景里，本土的英国人哈特（H.L.A. Hart）才担任了这个职位。

不过，说美国人手里的牛津大学法理学教授职位，是想单独谈谈那个德沃金。

德沃金，成名是比较早的。1931 年，古德哈特已经踌躇满志成为法理学的教授，德沃金才刚刚出生。掰手指算一下，到 1969 年担任教职时，他也不过三十来岁。如果考虑一下教职遴选的商谈考虑过程，德沃金，起码应更早些时日就引人注意了。

一

在英国，"法理学"（Jurisprudence），是个特别具有绅士味道的滴水不漏的严谨法学语汇，不像"法哲学"（Philosophy of Law）这个词飘逸、"形而上"，或者，具有"宏大叙事"的品格。英国人喜欢进行"分析"。从边沁（Jeremy Bentham）开始，法学中的分析之风，便已逐渐显示出来。必须老实承认，正宗的一整套法理学话语，倒无一不是从边沁——当然还有他的学生法学家奥斯丁（John Austin）——式的"分析"那里起步、建构的。直到今天，世界其他地方——自然包括中国——的各类"法理学"，也无一不印有"分析"的标记。所以，牛津大学法理学教授的任务，起码主要在于传授"分析法理学"。而年轻的德沃金，也必须在这圈子里已有一番惊人业绩，才能令人刮目相看。

打开各类号称"法理学"的文本，可以看到法律的"概念""特征""效力""实效""权利""义务""责任""制裁""强制"等一系列可以在所有"亚法学"（如刑法学、民法学、行政法学……）里一以贯之的词汇。美国学者帕特森（Edwin Patterson）说，这些词汇，所讲明的是法学的（of）一般性问题，[1] 那一般性问题的叙事，可叫"元法学"；还有一些词汇，像"正义""公平""社会""民族精神""道德""政治""宗教""经济""习惯"等，也时常环绕着"法律"一词，形成了一种"关系学"，比如法律与正义或法律与习惯或法律与宗教的关系。帕特森讲，这些用语，可谓是关于（about）法学的一般性问题。[2] 将关系学叫"元法学"，也未尝不可。不过，业内人却常以为，前一种"元法学"冠以"法理学"，名正言顺；而后一种，用"宏大叙事"风格的"法哲学"称呼，可能更为合适。

这里，笔者无意在法理学和法哲学之间仔细区分，它们之间到底有什么区别，并不重要，而只想点明一处：它们在一般法学家的手里，都有一个共同的不易觉察的叙事出发点——有一个东西可以标明法律的身份。这个东西，叫"尺子"可以，叫"标准"也成，反正可以用来切划法律家族的范围，并防止"家族类似"毫无节制地扩张，以至说不清道不明法律和其他社会存在（像正义、道德、

---

1 见Edwin Patterson, *Jurisprudence: Men and Ideas of the Law*, Brooklyn: The Foundation Press, Inc., 1953, p.2。

2 见Patterson, *Jurisprudence: Men and Ideas of the Law*, p.3。

经济、习惯……）的疆界，变得"老人"可以称作"小孩"，"猫狗"可以称作"鸡鸭"。显然，这里的"尺子"，或者"标准"（master test），又肯定是"法理学"自己的头等级别的紧要问题。牛津大学法理学教授，不能不讲这个问题。

翻翻以往西方学者的书，可发现各类有关"尺子"或"标准"的法理学话语。比如，边沁说，法律就是主权者的普遍性质的命令，谁不服从，便会遭遇制裁。[1] 这是讲，"主权者从事一个制定行为"，正是一把"尺子"，或者"标准"，要想知道一些规则或规范是不是法律家族的成员，用它量一下，划一下，一清二楚。美国的弗兰克（Jerome Frank）说，边沁的讲法不可靠，自欺欺人；法院的具体判决，才是"尺子"。这意思是讲，只要法院宣读了一份判决，法律家族就"增加一名成员"了。[2] 一般性的命令，只是"参考资料"。而奥地利的埃利希更有意思了，非说在主权者和法院的"命令判决"旁边，还有形形色色的生动鲜活的学校、工厂、俱乐部、商会、医院、乡间的民间规矩，或曰"活法"（lebendes Recht），它们也是法律。[3] 这是讲，"尺子"不能太局限了，法律家族应该兴旺发达，大凡有规则的意思，就可接纳近来……

---

1 见Jeremy Bentham, *Of Laws in General*, ed. H.L.A. Hart, London: The Athlone Press University of London, 1970, p. 1；边沁：《政府片论》，沈叔平等译，商务印书馆1995年版，第231页。

2 见Jerome Frank, *Law and Modern Mind*, Garden City: Doubleday & Co., 1963, pp. 50-51。

3 见Eugen Ehrlich, *Fundamental Principles of the Sociology of Law*, trans. Walter Moll, Cambridge: Harvard University Press, 1936, p. 497。

20世纪50年代前，这些法理学话语，的确使学界显得十分热闹。可那世纪60年代初，鉴于与上边那些"尺子"或"标准"话语类似或相左的话语太多元化了，简直到了"礼崩乐坏"的地步，牛津大学法理学的教职担任者，也即本土的英国人哈特，便站出来，力挽狂澜。他写了一本书，叫《法律的概念》（The Concept of Law）。学人以为，那是法理学经典中的经典。正是这个文本，启用了牛津日常语言分析的时尚技术（当时的），拿出了社会学的观察手段，[1]试图建立一个"尺子"话语的霸权地位，而且，是在众人仰慕的"牛津法理学"的名义下，试图予以恢复。哈特成功了。从那以后，不仅英语国家，就连思辨气质浓重的一些欧洲大陆国家，也都尾随其后，相信《法律的概念》把法律的概念或说"尺子""标准"，梳理得再清晰不过了。牛津大学法理学教授的职位，名副其实。

哈特将一个"认可规则"（rule of recognition），立为"尺子"。在人们的日常语言中，以及一些叫作法律文本的白纸黑字里，可以发现这样一些表述："凡国家议会颁布的规则，即为法律"，"当且仅当出自议会或法院的宣告，法律才可确定"，等等。当人们心甘情愿想这些表述，或将它们讲出来的时候，就意味着他们接受了其中显示的"规则"。或者，即使没想没讲，而只是在行动"积极地"这么做了，那也如此。鉴于此，哈特宣布，在任何一个社会或国家里，应该而且能够找到这样一个规则，权且称为

---

1 见H.L.A. Hart, *The Concept of Law*, Oxford: Clarendon Press, 1961, preface。

"认可规则"，它为大多数人，至少是官方世界所接受。[1]所谓"认可"，是说该规则认可了"什么规则是法律家族的成员"。

这把"尺子"，自然和边沁、弗兰克和埃利希这些人的"尺子"不同，也可视为技高一筹。

不过，无论怎样，这些"尺子"理论，都应了前面提到过的叙事出发点：在社会人群中一定有这么一把"尺子标准"，即使没有，也可以通过意识形态工具在其中建立一个，用它，就可切划法律家族的范围。所以，我们在西方人那里，看到了建构"尺子标准"的一代又一代的、几乎达到忘我境地的不懈努力。就算哈特后来受到普遍的追随，那也终是一家之言。接下来，法理学的变革，只是呈现为"尺子标准"的层出不穷，险些，牛津大学法理学教授的任务，便在于清理剥离不同的尺子学说。

二

德沃金来了，他发现，那个叙事出发点是基本错误的，故而立志要正本清源。

先说两篇论文。1967年，《芝加哥大学法律评论》登了一篇叫《规则的模式》（The Model of Rules）的论文，作者是德沃金。次年，美国学者萨莫斯（Robert Summers）编了一个论文集，里面

---

1 Hart, *The Concept of Law*, pp. 113-114.

一篇叫《法律是规则体系？》（Is Law a System of Rules?），作者又是德沃金。[1]说来有趣，兴许是水到渠成，第三年也就是 1969 年，德沃金坐在了牛津大学法理学教授的职位上，直到 2000 年。

那两篇论文，意在瓦解"尺子标准"话语的叙事出发点，让我们注意这样一个要点：在社会中，经常没有办法用这么一个尺子标准规则（master rule），去划定法律家族的范围。无论是边沁的"主权者命令加制裁"、弗兰克的"法院具体判决"、埃利希的"凡规则即可说成法"，还是哈特的"认可规则"，都无法用来担当此任。因为，在"命令""判决""规则"背后，有着一系列的"隐身"的法理、原则、准则、精神、目的和政策之类的东西，它们在法律实践中，"该出手时就出手"，并且，有时相互"压抑"，相互"斗争"。它们也是法律的一部分，用"尺子标准"来划定它们，必是没有成效的。

用德沃金最喜欢的"埃尔默·帕尔默谋杀案"（Elmer Palmer case），来说明。

埃尔默·帕尔默，一百多年前纽约州的一个人物。他有个祖父。从案情看，祖父特别喜欢孙子。于是，我们便瞧见了当祖父的立下的一个遗嘱：死后财产大部分归帕尔默。可时隔不久，祖父试图改变自己的想法，让帕尔默深感不安，于是帕尔默便将祖父毒死了。案子简单明确，帕尔默亦供认不讳。刑事官司，是跑不了的。但尚有一问题摆在那里：遗嘱怎么办，帕尔默能否继承遗产？他的

---

1 注：后一篇论文编入了德沃金的《认真地对待权利》（*Taking Rights Seriously*, 1977）这本书，为第二章。

姑姑看不过去，就告到法院，要求法院宣布帕尔默丧失继承权。可当孙子的继续"装孙子"，硬讲自己还有继承权。

说来也怪，一百多年前的纽约州有个《遗嘱法》，里边，什么都规定了，唯独没说继承人谋杀了被继承人如何处置，比如，是不是还有继承权（今天各国法律对此倒是都有规定）？法院觉得棘手。按说，遗嘱的形式要件和实质要件，无一不符合《遗嘱法》的规定，遗嘱，是有效的，既然有效就得执行。为此，法官格雷（Judge John Clinton Gray）和法官厄尔（Judge Robert Earl）激烈地争论起来。格雷说，刑事官司，对帕尔默已是惩罚了，那有法律的明确规定，而《遗嘱法》没讲要剥夺他的民事权利，判他丧失继承权，于法无据。厄尔不以为然，说：杀人还能得到遗产，简直天大的荒唐，即便法律没有明文规定，也必能找到法律的"根据"（ground）判他不得分文。当然，还有其他法官参与了争论"对话"。最后的判决结果是：帕尔默被彻底剥夺了继承权。[1]

其实，判决结果是不重要的。重要的是判决理由。纽约州法院讲，在以往的许多法院的判例和许多制定法（statutes）里，可以挖掘出一个法律的原则：不能因过错而获得利益。照这个原则，就可以断定帕尔默丧失继承权。

从法律推理上看，纽约州法院的思路是这样的：第一，在判例和制定法的明确规定背后，隐藏着一系列的法理、原则、准则、精

---

1 见N. Y. 506, 22 N. E. 188 (1889)。

神、目的或政策之类的东西；第二，这些东西，构成了判例和制定法的"背景根据"，这是讲，法院的具体判决，或立法机关的具体立法，都是经那里而来的；第三，既然是经那里来的，那么，以往的法院和立法机关在遇到帕尔默谋财害命这类伤天害理的事情时，定会根据"背景根据"，拿出一个相应的具体解决办法；第四，在"背景根据"里，既然已经找到了一个原则——不能因过错而获得利益，那在这个原则上，就可以像以往法院尤其立法机关可能做的那样，对帕尔默说"不"。

有一枝节问题，应先作交代。像"不能因过错而获得利益"这个原则（或其他什么法理、准则、精神、目的、政策的东西），在我们中国法学家看来，如果是地道的法律原则，就已经是见诸法律白纸黑字的文本之中了。中国时下的《民法通则》《继承法》等法律里，开篇就说了一些类似的原则性的东西。可纽约州法院或说德沃金喜欢的原则，有的已经白纸黑字化了，有的没有。德沃金尤为讲的是那些尚未文字化的"隐身"的原则，加上法理、准则、精神、目的或政策，等等。[1]

这里还有另外一个问题：怎样看待纽约州法院的所作所为？

在帕尔默的案子里，法院用的是没有文字化的原则。依着相当一些西方学者像前面的边沁和哈特的意思，那些没有白纸黑字化的原则、法理、准则、精神、目的或政策之类的东西，不是法律的一

---

[1] 见Dworkin, *Taking Rights Seriously*, pp. 14-45。

部分，说得专业一点，对法院没有法律的效力。法院愿意的话，就可以依照其来断案，不愿意的话，就可以将视线移向其他地方。如此，当纽约州法院运用其中的原则来说事的时候，是在自由裁量（at discretion，中国话是"酌情处理"），没有"依法办事"。按照我们中国法学家的看法，大体也是如此。当然，这是不得已而为之的事情。

　　但是，如此思考，就会遇到一系列的尴尬问题：为什么法院有这种自由裁量的权力？如果说，这是没有办法的办法，岂不放任了法院的"非正当性"？法院的法官，通常可不是民选的，这般又司法又立法，使得权力合一或僭越立法权，怎能容忍？[1] 另外，谁能计算得清楚，法院究竟是经常还是偶尔"窃取立法权"？如果事实上是经常，尴尬问题，岂不更为尴尬？

　　尤为紧要的是，这般思考，不仅会遇到一系列的尴尬问题，还会遇到一个叫法学家非常头痛的理路：如果在法律家族内，一下子将那些背景根据的原则完全排除掉，就有可能推出具体明确的文字法律规则和判例也不是法律的奇妙结论，可是，原本大家都承认它们是法律。为什么？因为，第一，可以发现古往今来的法院，有时像纽约州法院那样有点灵活（自由裁量），换句话说，它们有时用明确的法律规则或判例来断案，有时，却在规则判例之下，"挖地三尺"，找寻那些抽象的东西再来定夺。这是个事实。而且，以后的法院，还会我行我素。第二，法院有时"挖地三尺"与有时运用

---

1 见Dworkin, *Taking Rights Seriously*, p. 84。

明确具体的法律规则和判例，没有实质性的区别，也许，只有多少的量的区别，而其实这也说不清。第三，既然有时法院可以不理会法律规则和判例，有时可以不理会抽象的东西，那么，前者和后者对法院来说，都是一回事，认定后者对法院没有法律的效力，也只得认定前者同样没有效力。由此而来的结论，就是认定后者不是法律，也只好认定前者不是法律。[1]

这个推论，当然不能赞为天衣无缝。但是，它的确可以叫人接受这个结论：法律规则判例背后的原则之类的东西，是法律的一部分。因为，谁也不敢斗胆否认，明确的立法规则和法院判例是法律的一部分。

有趣的是，知道其中的要害，还可以反过来化解前面一系列的尴尬问题。既然那些抽象的原则族类是法律的一部分，那么，法院运用其来说事，就不是在自由裁量，而是名副其实地"依法办事"。显然，普通百姓，不希望法院的审判可以缺乏正当性，尤其在法治的国家，怎能出现一个法院目中无"法"？现在，放心了，不管法官依照规则判例断案，还是"挖地三尺"以求原则来断案，都是自我克制的良好表现，"窃取立法权"一说，纯属捏造。当然，你可以讲这般化解是释放话语诡计，或说利用了意识形态策略，但是，也得承认，这么讲，也没有什么不合适。在这里，"法治"可能正是稳稳当当。而原则那些东西，也只好是法律家族的成员。

---

1 见Dworkin, *Taking Rights Seriously*, p. 10。

这么看待纽约州法院的判决，行得通。

言归正路。

如果真把纽约州法院的审判这个事件视为"依法办事"，由此，将"隐身"的原则一类东西看作法律，那么，就会发觉，"尺子标准"的叙事出发点存在很大问题。

再看一下纽约州法院的判决。判决说："不能因过错而获得利益。"作为许多具体法律规则和判例背后的原则，它也是法律。但，明眼人知道，此原则不是被法院"发现"的，而是被法院"挖掘"的。"发现"是说，用尺子或标准划一下、量一下，就可以找出来。而"挖掘"倒意味着法院要费一番心思，无法轻松而又便宜地看到一个原则在那里，就像在中国的《民法通则》或《继承法》开篇头几条那里，说有原则，就有原则。

问题的关键又在于，根据不同系列的具体法律规则和判例，可以得出不同的甚至相反的原则那一类东西。比如，有的法律规则写明了"未经业主同意，不得私下转租房屋谋取租金"，"不得谎报保险事故，以获得保险赔偿金"，"不得擅作主张动用合伙人的共有资金，谋取利润"，有的法院，过去也作出了一些类似的判决，于是，在这里，就可以"挖掘"出一个原则：不能因过错而获得利益。另一方面，也有法律规则规定，"没有合理根据占有他人物业，经过一段时间，可以取得所有权"（古罗马《十二表法》第六表第三条就说：占有土地和房屋两年，其他物品一年，可因时效取得所有权），"债务人借钱超过一定时间，债权人又没主张权利，欠款可以根据时效不予返还"，而有的法院，也有类似的判决。这样，又可以挖掘出一个相对的原则：可以因过错而获得利益。[1]

在这种情况下，纽约州法院，便必须为不同甚至相反的原则，大伤脑筋，要么选择一个放弃另一个，要么开辟新航线，挖掘另一路的新原则。[2]

所以，"隐身"的原则总是相互"压抑"、相互"斗争"，在法院那一边，它们变得而且只能变得"该出手时就出手"。[3]而以往法学家设想的"尺子标准"，根本无法叫法院确定这类原则东西的法律效力，根本不能让法院把它们要么划在法律家族之内，要么之外，不能使法院说：被看中的原则东西是法律，而未被看中的不是。往深了说，纽约州法院，面对埃尔默·帕尔默案这类深浅难测的官司，不是也不可能参考一系列"尺子标准"的清单，来挑出个法律"原则"的说法，去裁断"当孙子的"继承权命运。相反，它一定要结合自己的一般法律观念、政治道德姿态，来选择确定哪个原则最为恰当。进一步的结论，也无法回避：不同的法官，像格雷法官和厄尔法官，可能会有不同的法律观念，价值姿态，于是，就原则东西而言，"尺子标准"永远被放逐了。

就说哈特"认可规则"这把尺子，用它来确定具体的规则判例

1　见Dworkin, *Taking Rights Seriously*, p. 25。

2　见Dworkin, *Taking Rights Seriously*, p. 26。

3　见Dworkin, *Taking Rights Seriously*, p. 37。

的法律名分，自然不在话下。通过人们言行和白纸黑字的文本，能观察而无须"挖掘"就找出规则判例，而假如"认可规则"说，"凡英国议会制定的规则及地位高一点的法院的判例即为法律"，那么，用它划一下量一下，便可知道被观察的规则判例，是不是出自议会法院之手，随之，便可将其要么编入法律家族的名册，要么编入道德家族、宗教家族、礼仪家族乃至习惯家族的名册。像"遗嘱须经两位无利害关系人见证方有效"，就是一个可观察的规则，如果出自英国议会或法院的制定判决，是否具有法律名分，也就一目了然。

　　而对原则那类东西，"认可规则"就不行了。因为原则族类在法律家的眼中，时隐时现，有时，兴许从来都未被人陈述过。在埃尔默·帕尔默东窗事发之前，"不能因过错而获得利益"这等原则，就没被人讨论过。就算事后挖掘出来了，它也和可以用同样方式挖掘的"可以因过错而获得利益"这个原则，试比高低，彼此竞争。原则、法理、准则、精神、目的、政策等，在法律的体系中，有如钢筋铁骨一般，构筑着具体规则和判例的坚实基础和框架，又有如精灵一般，穿梭于法律家与法律具体文本的对话交往之中。"认可规则"，对它们，根本就是束手无策。[1]

　　就边沁、弗兰克、埃利希以及其他一切法学家的"尺子标准"来说，结果同样。

---

1 见Dworkin, *Taking Rights Seriously*, pp. 39-40。

三

德沃金的瓦解行动，在此告一段落。结论是：在社会法律实践中，经常没有办法用这么一个"尺子标准"，去划定法律家族的范围。古往今来的一切"尺子标准"的设想，应该寿终正寝。而有了这样一个法理学内部的对许多法学家的叙事出发点的瓦解，牛津大学法理学教授的"牛耳"教职，便没有理由不转入德沃金的手中，即使，他是一个完全身份的美国人。毕竟，他的瓦解，是一场真正的法理学革命。

1969年，正像前面说的，"转入"事件发生了。

另有一点余话。"尺子标准"之类的话语，换成我们中国人的语汇来讲，就是叙述法律的定义概念和特征的理论。中国人当下的法理学，对所有研习法律的学子，首要的策略正在于告之如何把握法律本身的要素，如何圈定法律家族的范围。这实质上，是在学子心中，确立"尺子"的霸权意识形态。那种法理学的意思是讲：不论日后坐在审判席上充任法律的"使者"（法官），还是为当事人在法律上出谋划策以赚"咨询费"（律师），时时都要有个"尺子在我心中"。但，德沃金已经将其送入了历史博物馆。

法律话语与法律活动的关系

——以中国的叙事为例 [1]

> 修辞术是论辩术的对应物，因为二者都论证那种在一
> 定程度上是人人都能认识的事理，而且都不属于任何一种
> 科学。人人都使用这两种艺术，因为人人都企图批评一个
> 论点或者支持一个论点，为自己辩护或者控告别人。[2]

本文，尝试用法律社会学的叙述方式、亚文学的通俗笔调，通过个案，来概括地解读一下中国法律实践中的法律话语。法律话语，在此，不单是一种出字成文的法学论说，更是一种在法律生活中自然环流于各类社会角色的思维与行为里的意识形态之潜流，或曰，"知识状态"。这种潜流，或者状态的形成，有文化中的文字符号（即一般的成文理论）的彰显左右，也有生活中的价值符号的暗中推动。对其做些解读梳理，兴许，有助于我们走到法律实践的背后，去挖掘、窥视、理解，直至揭露，其中隐而不见的真正内容，进而，最终反省人们"做出"的法律实践，以及法律实践中的

---

1 原题：《中国法学话语的初步叙事》，载刘星：《中国法学初步》，广东人民出版社1999年版，第1—40页。现作修订。
2 亚里士多德：《修辞学》，罗念生译，生活·读书·新知三联书店1991年版，第21页。

人们自己，同时，去体验原本就是多元化的、而非一元化的中国法律话语。

　　法律话语，寄生于法律生活之中，在时间和空间两个向度上，每每漂浮于口述故事、隐喻神话、学人文字、日常行动、言语交流、事件变动等文化符号之上，时明时暗，自我张扬。这样，解读其中的路径、意向和关系，便要出入诸种文化符号，在文化符号中，建立"阅读"联系。

　　我将借助古籍中的各类叙述，点拨人物的细微活动，端出时下的种种陈说，甚至提涉发生过的事件的意义……其目的，在于凸现一种可能的话语构建，并指示一个信息：理论中的"理论"和实践中的"观念"，都是法律话语的操作运动。

一

　　清朝雍正年间，有一个官人，叫蓝鼎元。这个人，审案断狱，十分了得。蓝官人字玉霖，号鹿洲，也许特别喜欢自己的号，所以写了一本书，名为《鹿洲公案》。《鹿洲公案》记录了许多案子，这些案子里的"法官"，正是蓝鼎元自己。

　　在中国农村，田地，是最重要的，有句话说，"土地是农民的命根子"，讲的也是这个意思。有一个平民百姓，叫陈智，他有两个儿子，长子称作阿明，次子称作阿定。不知什么原因，陈智死得挺早的，于是，就留下七亩地给两个儿子。但是，为争七亩地，两个儿子，翻了脸，变了色。说来怪遗憾的，父亲还在世时，阿明阿定的关系友爱、亲善，少年时，一起读书，成人后，一起耕地，就算是各自结了婚，也是相互关照。可父亲这一走，兄弟之情却淡漠了。这都是被那所谓"命根子"的田地搅和的。

开始，乡里的亲戚、族人都来劝解，说："你让一步他让一步不成？"两个儿子，就是不听，不听不算，还将"你争我夺"闹到了官府衙门。

在官府衙门，阿明讲："这七亩田，是父亲留给我的。"讲着，便向知县蓝官人（即蓝鼎元）递上了父亲的亲笔手书，上面白纸黑字："百年之后田产归长孙。"但阿定也不含糊，说这些田是父亲留给他的，并拿出"临终口头遗嘱"来作证，还说，有人可以作旁证。蓝鼎元觉得案子有点棘手，不过，稍过片刻，还是宣称："你们都说得不差，但是，这意味着责任在你们的父亲。谁叫他不作出一个一清二楚的决定？我只好开棺问他了！"兄弟两人听到这话，立刻面面相觑，无地自容。接着，蓝鼎元又是一通训斥："田产比起兄弟亲情，实在是区区小事，为这等小事打起官司，值得吗？说来，让人寒心，你两个都是各有两个儿子的人，将来你们各自的二子长大，不像你两个那样争田就怪了！所以，为了日后安宁，我只好防患于未然，让你们各自只养一个儿子。阿明是长兄，留下长子，送走小的；阿定是弟弟，留下次子，送走大的。就这么定了。现在，命令差役押送阿明的次子、阿定的长子去收容院，卖给乞丐做儿子。"接着，蓝鼎元叫手下笔墨伺候，将收据存于案卷之中，随即喊道："结案！"

阿明阿定一听，慌了。阿明说："小民知罪了，愿将田产全部给予弟弟，永不计较。"而阿定，也是"痛改前非"，说自己绝不接受田产，愿哥哥享有田产的每一尺、每一寸。说完，两人抱头痛哭。可是蓝鼎元仍然摆着架子，非说二人不是真心实意的，并宣称："即使你们有了这份心意，你们家里当妻子的那些人，也会鸡肠小肚，绝不让人。所以，你们先回去，看看妻子的意思再说。三天后，衙门见。"

就在第二天，阿明的妻子郭氏和阿定的妻子林氏，立即邀请族人头领陈德俊、陈朝义到了官府，要求和善解决案子。

而阿明阿定两个人，更是痛哭流涕，说："我两个真是罪该万死，不知天理情义，叫蓝大人费了仁爱之心。今日，的确如梦初醒，追悔莫及。我们发誓，永远不争这份田产了，请准许我们将这份田产捐献给佛庙寺院。"可是，蓝鼎元得势不饶人，大声说道："真是一对不孝之子！居然说出要将田产捐给和尚那些人，真该用大板教训一番才是！做父亲的流血、流汗，辛苦一辈子，才留下了这份家当，你们兄弟二人鹬蚌相争，叫那些和尚渔翁得利，死者九泉之下，能瞑目吗？照理说，做兄长的应该让弟弟，做弟弟的应该敬兄长，互让不行，就要还给父亲。现在，这田产，只能作为祭奠你们父亲的资产，兄弟二人轮流收租祭祀，子子孙孙不得再起争端。这叫什么？一举多得！"

族人头领陈德俊、陈朝义，听了这番话，频频点头称是。而阿明、阿定、郭氏和林氏听后，也是感激涕零，"当堂七八拜致谢而去，兄弟姒娌相亲相爱……民间遂有言礼让者矣"[1]。

后来，蓝鼎元乐不可支地总结道：这案子，如果依着一般审判方法，就应该兄弟二人各打三十大板，将田地对半分开，三两句话了断即可；而现在，费了不少周折，婆心苦口，但毕竟是效果显著；你看，"此时兄弟姒娌友恭亲爱，岂三代以下风俗哉。必如此，吏治乃称循良"[2]。

二

可以这么讲，在"兄弟争田"一案里，能够解读出许多中国法律话语的叙事。现在，我们尝试解说第一个叙事。

阿明阿定为争七亩田，最后，来到了蓝鼎元坐镇的衙门官府。为什么来到官府？为什么非要蓝鼎元给个"最后的说法"？显然，他们相信，衙门官府，可以一语定乾坤。乡里民间有了纠纷，争议双方有时自己是无法解决的，在这种情况下，只有靠第三方拿个主意，公平了断才能作数。而既然有了衙门官府，那是再权威不过的象征了。他们深知这点。

此外，阿明阿定来到了官府，知道要举出最结实、最确凿的证

1　蓝鼎元：《鹿州公案》，收于刘俊文编、北京爱如生文化交流有限公司制作：《中国基本古籍库》，黄山书社2002年版，第24页。

2　蓝鼎元：《鹿州公案》，第24页。上述案情全部细节，见《鹿州公案》，第22—24页。

据，证明父亲有个真实的意思，要将七亩田留给自己，而不是对方。这就表明，他们知道官府了断纠纷，是依据说一不二的"硬规矩"，也就是我们现在所说的国家法律。在蓝鼎元那里，他也说，依着一般审判方法，就应该兄弟二人各打三十大板，将田地对半分开。这也说明，蓝官人头脑里也有一个国家法律的概念。虽说，蓝鼎元没有拿出具体的法律条文念一遍，但是，他知道，那才是含糊不得的官府规矩。官府规矩，当然有这样的意思：一份财产，如果谁都不能证明属于自己，则只好"一分为二"。

在这里，我们就遇到了古人和今人时常围绕法律这一现象而产生的两个意念："官"和"书本里的法"。

说起来，在久远的时候，有一部古书，名叫《管子》，里面曾讲，每年的正月初一，百官都要上朝，听国君向全国发布法令，这就是："正月之朔，百吏在朝，君乃出令，布宪于国。"[1]然后，主要官吏都要在太史（注：官名）那里领取法令典籍，当再次上朝时，在国君面前仔细研读每一条每一款。法令宣布后，在太史官府留底一份，其余逐一分发下去。主要官吏，拿到了法令的正本，还必须星夜兼程，将法令文本传给乡里民间的小官小吏，务必要使他们立刻知晓颁布了什么法律。否则，"谓之留令，罪死不赦"[2]。

接下来，就是法令执行的问题。《管子》说，法令公布后，必

1　《管子》，房玄龄注，刘绩增注，上海古籍出版社1989年版，第17—18页。
2　《管子》，第18页。

须当即执行，有不遵从的行为，"谓之不从令，罪死不赦"[1]。此外，还要仔细检查各级官府里的法令文件，看看它们和太史官那里的留底版本，是否一致，不一致的，一经查出，便要追究问罪。《管子》一口认定，不论什么事情，都要法令先行，正所谓"凡将举事，令必先出"[2]；而且，办事不符合法令的，即使卓有成效，那也叫"专制，罪死不赦"[3]。

概括来说，成文的规则规矩掌握在"官"的手里，就叫作"法"了。[4]

另有一部古书，人称《韩非子》，里面，说得更明白了：法律，就是写明在书本中的、放置于官府案台上的东西，这便是："法者，编著之图籍，设之于官府……"[5]

为什么法律和"官"有着密切联系？而且，还要写在书本里？

可以看出，依照《管子》和《韩非子》的意思，官吏是替君王做事的，他们，首先是遵从君王的意旨，而君王，当然有自己的权势和强制的力量，所以，一般官吏不得不服从。另外，一般官吏自己也是狐假虎威，有君王撑腰，官吏当然在服从强制的时候又运用了强制的力量，去震慑阿明阿定那样的小民。这样，要使法律真正有作用，就必须依靠蓝鼎元这一类的官员。于是，法律就和

---

1 《管子》，第18页。

2 《管子》，第18页。

3 《管子》，第18页。

4 见《管子》，第51页。

5 韩非：《韩非子》，上海古籍出版社1989年版，第131页。

"官"，难分难解了。至于为什么要写在书本里，那是为了有案可查，免得阿明说阿明的，阿定说阿定的，使得规则毫无章法、混乱不堪，又让小人之类的腐败官吏暗钻空子。

　　将法律和"官"联系在一起，又将其和书本中的规则联系在一处，是我们中国人长久以来尤为熟悉而且习以为常的法律观念。许多人，觉得这是对法律现象恰如其分的描述。直到今天，打开各类讲述法律观念的书籍，还可以看到大体类似的说法。有两本很权威的书就说：法律，是由国家制定或认可的规范，而国家制定或认可，是说国家的立法机关或司法机关在那里制定或认可。[1]另一具有同样权威意思的书也说：法律和国家权力，有着不可分割的关系。[2]

　　"国家机关"是个现代用语，在古代，差不多就是指"官府"，其内里的这人那人，也就是"官"。说到国家权力，照样暗含着"官"的存在的意思。制定，当然是指把规则放入书本中去。这就将法律和"官"与书本中的规则联系在一起了。

三

　　讲"官"和讲"权力"，在另一方面，便是暗含官府衙门可以对其他人"赏"与"罚"。在"兄弟争田"的案子里，蓝官人就说

1　沈宗灵等：《法理学》，高等教育出版社1994年版，第32页；张文显等：《法理学》，法律出版社1997年版，第56页。

2　孙国华等：《法理学教程》，中国人民大学出版社1995年版，第35页。

过：依着一般审判方式，阿明阿定应该各打三十大板。在我们看来，如果真打了，便叫"罚"。假如蓝官人见兄弟两个和好如初，故而，一时兴起，宣布拿出银两若干以资鼓励，那么，我们就会看到"赏"。这里，涉及了中国法律话语的第二个叙事：法律的基本目的在于赏罚，尤其是罚。

古书《左传》，曾记录，春秋那个时期，有人奉劝郑国国君郑庄公要这样：凡事，不能客气，要用刑罚来纠正邪恶，而邪恶所以四处蔓延，就是因为没有严厉的刑罚。[1] 换句话说，不论什么事，要把丑话搁在前面，有不听从者，大刑只管伺候就是了。而另一典籍《尹文子》说：法有四个等级，其中一个，就是指治理黎民百姓的法，它只要奖赏刑罚之类的东西就可告成。[2]《韩非子》说得更形象，为了制服老虎不去用笼子，为了禁止奸邪不去用刑罚，这是尧舜那样的贤明帝王都感到为难的事情；所以，设置笼子，不是为了防备老鼠之类的不足挂齿的弱小动物，而是为了让那些势单力薄的人，也能制服老虎，制定法律，不是用来防备那些知书达礼的贤士，而是为了使才能平庸的君主也能震慑江湖大盗那类谋反分子。[3] 古代人，有时挺信"赏"的，所以，声言"赏一人而天下之为人臣莫敢失礼"[4]，而赏赐十分到位，平民百姓就会随之自我教化，自

---

1 见《春秋左传正义》，杜预注，孔颖达等正义，上海古籍出版社1990年版，第82页。
2 见王启湘：《周秦名家三子校诠》，古籍出版社1957年版，第22—23页。
3 见韩非：《韩非子》，第70页。
4 吕不韦：《吕氏春秋》，高诱注，上海古籍出版社1989年版，第108页。

我教化的结果，就是根本不用"惩罚"这一着了。[1]

这便不奇怪，为什么《吕氏春秋》会一语中的："赏罚，法也。"[2]

一说"赏罚"，我们也许容易联想到它是否来自日常的"家庭用语"。在家里，做父母的时常为了管教子女，嘴里总会左一个"赏"字，右一个"罚"字。子女小，不懂事，就算是长大了，在父母的眼里，也还是"稚嫩小子""黄毛丫头"。孩子做事对了，父母便会小恩小惠（赏），孩子做事错了，父母就会拳脚相加甚至不给饭吃（罚）。当然，"赏罚"是否真是来自家庭用语，实在无从考证。但是，有人说，在中国，尤其古代的中国，国与家有着特别类似的结构，"以天下为一家"[3]，"国者，乡之本也；乡者，家之本也"[4]。另有人更为有趣地说：

提到我们的用字，这个"家"字可以说最能伸缩自如了。"家里的"可以指自己的太太一个人，"家门"可以指伯叔侄子一大批，"自家人"可以包罗任何要拉入自己的圈子，表示亲热的人物。自家人的范围是因时因地可伸缩的，大到数不清，真是天下可成一家。[5]

---

1 见吕不韦：《吕氏春秋》，第108页。

2 吕不韦：《吕氏春秋》，第220页。

3 《礼记正义》，郑玄注，孔颖达等正义，上海古籍出版社1990年版，第430页。

4 《管子》，第15页。

5 费孝通：《乡土中国》，生活·读书·新知三联书店1985年版，第23页。

所以，我们时常会听到古人提到官是"为民父母"的那些话。比如，有古人讲，天地是万物的父母，而君臣则是小民的父母；[1] 能教会说的仁君，"民之父母"[2]。孔子说，"四方有败，必先知之，此之谓民之父母矣"[3]。而民国初年蔡元培先生也讲过，"一家之中，父为家长……以是而推之于宗族，若乡党，以及国家。君为民之父，臣民为君之子……"[4] 这样说来，从家庭用语的角度去看"赏罚"，兴许是有趣的。

在这里，紧要的是，国与家的某种类似使人们无形中感到法律规定赏罚是一种再自然不过的事情。既然父母赏罚子女是天经地义的，那么，国家用法律赏罚臣民，也就顺理成章。在"兄弟争田"的案子里，当阿明阿定自悔不仁不义，说要将七亩地捐给寺庙时，蓝鼎元吹胡子瞪眼，说"居然要将父亲的辛苦财产捐给秃和尚，真该大板教训一番才是"，这分明表现了蓝鼎元那类官吏自认为，像父母那样惩罚兄弟两人一下，没什么不应该，没什么不可以。蓝鼎元和阿明阿定之间的位置关系，与父母和子女的关系，真有点相似。

还应注意，这相似的背后，更有一个重要的观念：法律是自上而下的统治工具。这便是，"故法者，治之具也"[5]。在家里，父母从来都是"居高临下"的，"统治"不敢说，起码是"管教"。

---

1 见《尚书正义》，孔安国撰，孔颖达等正义，中华书局1980年版，第364页。

2 《诗经全注》，褚斌杰注，人民文学出版社1986年版，第345页。

3 《礼记正义》，第858页。

4 蔡元培：《中国伦理学史》，东方出版社1996年版，第7页。

5 刘安等编著：《淮南子》，高诱注，上海古籍出版社1989年版，第223页。

但无论怎样，子女对父母"须仰视才见"。到了国家，百姓对法律及其背后的权力阶层，也是"须仰视才见"。这是"家长主义"。如果再将"官"的观念和"赏罚"联系起来，更可以体会这里的观念，何等重要。直到今时，我们许多人都以为，"工具的说法"是理所当然的。有书讲：法律，"首先是确认、保护和发展对统治阶级有利的社会关系和社会秩序的工具"[1]。另有书讲：

　　……法不单纯是调整的问题，还包括控制的问题。……法所调控的对象是人们的行为，是社会关系。它与别的调控不同，其调控的主体是国家，调控的方法有三种，即允许为哪些行为、禁止为哪些行为、必须为哪些行为。……法律在调控中不仅规定了行为模式，而且明确规定法律后果，既有制裁的后果，也有奖励的后果。[2]

四

　　现在可以提出这样一个问题：为何法律要成为一个统治工具？换个问法：为什么要让蓝鼎元那样的官人，去用赏罚的手段，来管教阿明阿定以及他们老婆那样的小民？这个问题，很重要。

　　有些古人这般回答：不这样不行，因为，国家里有个"公"与"私"的区分。法律是为了保护"公"的利益，而不是"私"的利

---

1 孙国华等：《法理学教程》，第96页。
2 李龙等：《法理学》，武汉大学出版社1996年版，第24—25页。

益。为了保护"公"利益，只能依靠强制的手段，因为，"私"利益从来都是各不相同的，依了"私"利益，就会天下乱套："私义行则乱，公义行则治，故公私有分。"[1]而法律的首要功能，便在于压抑私欲。[2]"夫立法以废私也，法令行而私道废矣。私者，所以乱法也。"[3]

至于在古人的眼里，什么是"公"，什么是"私"，我们读些故事、传说、文人文字之类的东西，再议。

典籍《吕氏春秋》说，远古时代，尧有十个儿子，但尧不将天下传给儿子，而是传给舜，这是"公"了；到了舜的年月，舜有九个儿子，可舜偏偏不将天下传给儿子，倒是传给禹，这也是"公"了。[4]这古书，还记载，春秋战国那个时期，有个国君问大臣："南阳没有县令，谁可以去当县令？"大臣答：某某可以。国君又问大臣："这人不是你的仇人吗？"大臣答："国王您是问谁能担当此任，而不是问谁是我的仇人。"国君说："答得真妙。"接着就用了那人当县令。一般百姓知道这事后，都拍手叫好。过了一阵子，国君又问大臣："国家没有尉官，谁可出任？"大臣答：某某可出任。国君说："这人不是你的儿子吗？"大臣答："您问谁可出任尉官，没问谁是我的儿子。"国君又说："答得真不错。"便派这

---

1 韩非：《韩非子》，第46页。

2 "法之功，莫大使私不行。"见慎到：《慎子》，钱熙祚校，载《诸子集成》，浙江古籍出版社1999年版，第927页。

3 韩非：《韩非子》，第143页。

4 见吕不韦：《吕氏春秋》，第16页。

人做了尉官。一般百姓知道后，依然好评如潮。这古书最后说：大臣真"可谓公矣"。[1]

相传墨家学派有个人物，住在秦国，其儿子不争气不说，还杀了人。秦惠王对这墨家人物说："先生年纪大了，又没有别的儿子，此事，就算了。我已下令不予追究。"但那人物硬是"大公无私"，说："墨家的家法是'杀人者死，伤人者刑'，禁止杀人伤人，此乃天下之公理。大王虽说已下令饶了他，但我不能不执行墨家的家法。"说着说着，他就杀了自己的儿子。《吕氏春秋》给出了一个评论：这是申明"大义……可谓公矣"。[2]

汉安帝那个时期，有一冀州刺史叫苏章。苏章为人公私分明，从来以为朋友是朋友，公事归公事。其一朋友，在清河做太守，做下不少伤天害理的事情。苏章知道了，便琢磨先私后公，将朋友最后"以公了断"。一日，他让朋友请客，酒席之间，两人畅叙平生友谊，并且时而潸然泪下，可朋友依然不明日后的命运，"私"心膨胀，居然说出"人皆有一天，我独有二天"的言语，意思是苏章可放他一马。苏章只好言明："今昔苏儒文与故人饮者，私恩也；明日冀州刺史案事者，公法也。"果不其然，第二天一到，苏章将这朋友拿下，在官府治罪了事，叫"州境肃然"。[3]这故事，是将

1　吕不韦：《吕氏春秋》，第16页。

2　吕不韦：《吕氏春秋》，第16页。

3　见司马光编著：《资治通鉴》（4），胡三省音注，"标点资治通鉴小组"校点，中华书局1956年版，第1695页。

墨家杀子传说的意义，从亲情挪到了友情。

　　有趣的是，《韩非子》还写道：前人造字的时候，特别将围着自我转来转去的做事说话叫作"私"，将有意把自我开放的言行举止叫作"公"，"公"和"私"，打一开始，就是水火不相容的，它们代表了两种利益。[1]而《慎子》直接说：法律，是为了叫人们的行为整齐划一，这是天下共同的利益；兄弟骨肉可以受刑，亲族戚属可以残灭，但法律却是不能含糊退缩的。[2]《管子》把这说得更明白："夫法者，上之所以一民使下也；私者，下之所以侵法乱主也。"[3]

　　说来说去，"兄弟争田"案子，涉及了中国法律话语的第三个叙事，这便是强调法律是为了"公"的，而不是为了"私"的。阿明阿定因争田告到了官府，蓝官人当然不能不管。可蓝官人说，你兄弟二人太不明白事理，因这区区几亩地，彼此大动肝火，本应三十大板伺候。这言下的意思之一，是说：如果人人都这样争来争去，哪有乡里民间的"安定团结"？乡里民间的"安定团结"，正是一个秩序，而秩序就是"公"。所以，法律做到了"大公无私"，那么，"民安而国治"。[4]

　　当今的中国人，也喜欢讲法律是为了"公"。有书称："法是

<hr>

1　见韩非：《韩非子》，第155页。
2　"法者，所以齐天下之动，至公大定之制也……骨肉可刑，亲戚可灭，至法不可阙也。"见慎到：《慎子》，第928页。
3　《管子》，第145页。
4　韩非：《韩非子》，第13页。

由统治阶级的共同利益所决定的，而统治阶级内部各个个人与这种共同利益相冲突的个人利益，是被'舍弃'的。"[1]

五

当然，有人可能以为，阿明阿定最初来到蓝官人的衙门，并不是为了"安定团结"，或说为了"公"的目的。他们只想要官府了断那七亩地的归属。假如蓝官人认定，田地应该归阿明，或者阿定，那么，这就满足了其个人的利益。如此看来，官府的法律判决，倒不一定是为了"公"。有时，那还是为了个人的权利，或曰"私"。

不错。但是，要注意，中国法律话语尤其古人的法律话语，讲个人的所有权总是为了拐弯来讲"公"的问题。而且，实际上，更准确来说，其中的观念并不是指现代西方人理解的那类纯粹的个人权利，而是指人与人之间，必须"定分止争"。蓝官人说过，阿明阿定之间不要争来争去。这么说，不是因为蓝官人认为阿明阿定各有各的个人权利，而是因为他认为，争来争去对大家谁都没有好处，而且，乡里民间还会乱了。所以，为了防止纠纷，才需确定应该给谁七亩地。这种观念的骨子里，是"防乱"两个字。

当然，话是这么说，这里毕竟涉及了"兄弟争田"中的另一个

---

[1] 孙国华等：《法理学教程》，第88页。

中国法律话语的叙事：法律的直接作用之一是定分止争，正所谓，"律者所以定分止争也"[1]。

看两个有关"市场上的兔子"的讲法。

《慎子》这本古书讲，如果一只兔子在大街上乱跑，肯定会有一大群人在后面追赶，谁都想抓住兔子，归己落袋。这群人，当然包含了贪得无厌者。不过，人们不会对此说三道四，因为，兔子到底是谁的，并不清楚。反过来，在集市上就有所不同，那里的兔子一堆又一堆，不仅没人去抓，而且没人去看（想买兔子的人当然例外），许多人，甚至觉得看一眼都是白费力气。这是什么缘故？显然，不是因为人们不想要兔子，而是因为兔子已经有"主人"了。所以，就是再贪婪的人，也不想去你争我夺。[2]古书《商君书》里也讲：野兔奔跑，百人追赶，不是因为野兔可分为一百份，而是因为"名分"说不清，而卖兔子的人充满集市，盗贼到底是不敢动手，因为"名分"一清二楚。所以，如果法律不讲兔子是谁的，别说一般人，就像尧、舜、禹、汤那样的圣人，照样如奔马一样追着兔子跑。[3]

在《尹文子》这本古书里，记录了一个古人的类似说法。那古人说，天下有才智、有能力的人，没有一个愿意待在家里的，不会因为"老婆孩子热炕头"，就心满意足；他们一定要不辞辛劳直奔

---

1 《管子》，第161页。

2 见慎到：《慎子》，第928页。

3 见商鞅、鬼谷子：《商君书·鬼谷子》，蓝天出版社1999年版，第48—49页。

诸侯的朝廷，求得一官半职。为什么，因为，有利益在引诱着，而且自己的"名分"不清。相反，已经在诸侯朝廷上做官的人，却都希望自己能做卿大夫就成了，并没有欲望超越本分去做诸侯，这是因为，"名分"已定，利益也得到了大致的满足。[1]

　　自然，我们会认为，事实上做卿大夫的也想最后成为诸侯，因此，那古人只是讲对了一半。可是无论怎样，"名分"定下来了，总会有个约束机制在那里发挥作用，让已经做官的人，老实一点，这也是真的。难怪《荀子》就说，法律禁止捡拾别人遗失的东西，这是憎恶人们习惯于贪得非分的东西。所以，说清这是你的、那是他的，人人都会相安无事，而不说清楚，就是只有一妻一妾的家庭也会纷乱不安；换句话说："无分义，则一妻一妾而乱。"[2]

　　到了民国初年，梁漱溟也讲：

　　"法律"这东西怎么讲？它就是要把这个权那个权规划订定明白。比如说：我能如何，你能如何，我不能如何，你不能如何，把这些弄明白，划分得清清楚楚，这便是"法律"。有了法律，彼此之间再有什么交涉，有什么纠纷冲突，便一概归法律解决了……[3]

　　这里，还有另外一个问题。定分止争，不单是就阿明阿定之间

1　见《周秦名家三子校诠》，第27页。

2　荀况：《荀子》，杨倞注，上海古籍出版社1989年版，第163页。

3　梁漱溟：《梁漱溟全集》（第一卷），山东人民出版社1989年版，第655页。

的民事纠纷而言的，有时，它还是"刑事"问题的出发点。这是讲，如果蓝官人判决七亩田归阿明所有，定了分，可阿定事后依然想方设法强占土地，并且这么做了，那么，蓝官人就要给阿定治罪惩罚。在古籍《列子》里，可以看到一个有趣的关于"偷盗"的故事，讲的就是这个意思。

春秋战国那个时期，齐国有一世族，人称国氏，特别富有。宋国有一世族，人称向氏，特别穷困。一天，向氏家族的一个人专门来到齐国，向国氏请教发财的诀窍，国氏一家族人说："我的绝活儿就是'偷盗'。头一年偷时，仅仅够一年用的。第二年偷时，有点富了。第三年再偷时，已经大大地阔起来了。打这以后，就连本乡本土的穷人都要靠我来施舍救济。"向氏家族的那个人一听，异常兴奋。但是，他并不知道国氏家人到底偷了什么东西，只是认为，"偷"肯定就是一般所讲的"偷"。于是，他爬墙打洞，眼到之处手到之处，无所不偷，岂料，没过多久，便被官人拿捕，不仅关了数日，而且自己本身已有的财产也被充了公。

向氏家人想不明白，为什么国氏家人偷了东西不仅富了，而且"安然无恙"？他觉得，一定是国氏家人捉弄他，没教"偷"的绝活儿，接着，便去国氏家里大吵大闹。国氏家人问："你是怎样偷盗的？"向氏家人将自己偷盗的情况一一描述。国氏家人说："咳！这种偷法就错到家了。告诉你吧，我是偷天的寒暑冷热，地的肥沃宝藏，来使禾苗百谷生长，各种作物收割，并且建造了我的围墙，盖起了我的房屋。我得到的飞禽走兽、虾蟹鱼鳖，没有不是

'偷'的'盗'的。不过，你应当晓得，禾苗百谷、树木泥土、禽兽鱼鳖，都是自然的产物。它们根本不是个人所有的财物。偷它们，能出事儿吗？能犯罪吗？至于金银珠宝、珍品古玩、粮食钱财，那是别人自家的财产，偷这些东西不犯事儿就怪了！"[1]

向氏家人是否太蠢了，我们不去管它。这里，我们只应注意，国氏家人讲到了有些财物是别人自家的，偷了就会犯事，这便是说，有些东西"定了分"，定分之后还去侵犯，就该刑罚伺候了。而那些没有"定了分"的自然之物，就没有这个问题。所以，中国法律话语讲"定分止争"，既想说明"你应有我应有"的问题，又想说明"你不得偷我的"问题。正像今人所抽象地说的那样："法是对已有的或可能有的权利义务关系的认可。"[2]

六

定分止争，是讲法律的一个重要作用。可是，确定了"名分"，照样会有纠纷和犯罪。应该这么说，阿明阿定争的那七亩地，本来是有"名分"的，但兄弟两个，还是争了起来。争了起来，而且闹到了官府，蓝官人于是就要拿出个说法。拿出说法依据什么？首先是法律，其次还有证据。所以，阿明阿定一进官府，便争先恐后地推出自己的证据。阿明说，自己有父亲的亲笔手书；阿

---

1 见《列子》，张湛注，载《诸子集成》，浙江古籍出版社1999年版，第582页。
2 孙国华等：《法理学教程》，第50页。

定说，自己有证人证明父亲说过的话。对此，蓝官人就要断定是非曲直，而且，要有根有据地公平断定。

　　这里涉及中国法律话语的又一个叙事：法律是公正平直的。

　　在古时的《春秋》这本史书里，讲述了一个动物断案的故事。故事谈到，齐国有两个做官的，因为一点小事打起了官司。这官司本来不太复杂，可是不知怎的一打就是三年的光景，搞得狱官始终没有办法裁断是非。齐庄君听说后，心里很烦，一气之下揣摩将两个臣子杀掉定案。但是，他也犹豫，担心都杀了会冤枉其中一个好人。过一阵，他想还是将两人放了算了，可又担心，这一放会放掉了恶人。最后，齐庄君命令别人牵一头羊过来，对两人说：我现在把羊杀了，将羊血洒在神坛前的一条小沟里，你们二人就在神坛前老老实实地念自己的誓词，不得说谎，否则死羊会有所表现的。两人答应了。当第一个人念完了自己的誓词，一切照旧，什么事没生。但是，当第二个人念誓词念到一半时，死羊突然跃起，用自己的角将其当场刺死。案子就这么结了。[1]

　　这种断案方式，在今天看来，是莫名其妙的。死羊突然跃起将人刺死，也是不可信的。就算死羊可以跃起刺人，有人也肯定会说，谁能知道这死羊究竟刺死了好人，还是恶人？说不准死者正是冤枉的。所以，齐庄君用死羊来了断案子，不过是无可奈何地用这来为自己找个不是断案理由的断案理由。但是，在这里，重要的不

1　墨翟：《墨子》，上海古籍出版社1989年版，第60页。

是案子结得是否准确无误，而是古人相信，像羊那样的动物，可以判断"誓词讼词"的真伪。

说起羊这类动物去断案的事情，有人就会想到以往古人经常提到的一个动物的名字："独角兽"。有意思的是，"独角兽"这个动物符号，在中国古代，象征着法官的法律审判。

汉代王充，写了一本书，叫《论衡》。里面说：有一种很像羊的独角动物，本性就知道谁是有罪的。在尧舜时代，著名的大法官皋陶审案子时，只要遇到特别棘手的疑难怪案，就牵独角羊过来，叫它来断定谁是有罪的，而独角羊对有罪的人就用角去触，对无罪的人则毫无反应，因此，十分公正。[1]当然，《论衡》是一本不信神、不信鬼的书，对所谓的羊类"独角兽"能否真的刺中有罪之人，将信将疑。它说，皋陶用"独角兽"来断案，为的是叫别人害怕而不犯事，叫"受罪之家，没齿无怨言也"[2]。

刚才讲过的齐庄君审案的故事，其发生的地方，就是今天的山东一带，而这个地方，恰巧是尧舜时代大法官皋陶的故乡。古人一提法律的公正审判，就讲这个皋陶，就讲像羊的那个"独角兽"。

不过，"独角兽"到底是不是羊那样的动物，古人似乎各说不一。有人讲，"独角兽"其实是像牛那样的动物，"独角兽"头上的角"似山牛一角"[3]。有人讲，那怪兽既像牛也像熊，这就是"如

1　见王充：《论衡》，上海古籍出版社1990年版，第171页。

2　王充：《论衡》，第171页。

3　许慎：《说文解字》，中华书局1963年版，第202页。

牛,一角,毛青,四足似熊",它见人相互争执时,就会用角去顶刺不对的人,换句话说,"见人斗则触不直"。[1]还有人说,"独角兽"像鹿,另有人讲,像麒麟……

不管是什么动物,反正古人都以为,"独角兽",正是用来判断是非曲直的。

有点奇妙的是,"独角兽"在西方文化中,也是一个具有象征意义的动物符号。有人告诉我们:

> "独角兽"是西方神话传说中的一种动物,它像马,或小羊,额头上有一只美丽的独角。这一形象最早出现于美索不达米亚的绘画中。[2]

有一位意大利学者讲,欧洲人总是相信存在着一种叫作"独角兽"(unicorn)的动物,它看上去像一只独角白马,性情温顺。但是,经过多次周游西方世界后,欧洲人认为"独角兽"不大可能生活在西方,它倒是应该生活在一个奇特的异国。当年,马可·波罗(Marco Polo)游历中国,就相信它在中国才应有个"家乡"。可是,马可·波罗在中国最终没有发现"独角兽"的踪迹。只是在回

---

1 段玉裁称,此句来自《神异经》。见许慎:《说文解字注》,段玉裁注,上海古籍出版社1981年版,第469页。
2 乐黛云:《序言》,载乐黛云、勒·比雄主编:《独角兽与龙》,北京大学出版社1995年版,第1页。

国的途中，他在爪哇岛那一带，看到了生活在水中的一种像"独角兽"的动物。这种动物后来经辨认，不过是今天被叫作犀牛的一种独角动物。[1]

被叫作"独角兽"的动物，后来，"在西方一直是幸福和圆满的象征"[2]。

说到西方人对"独角兽"也是津津乐道，可能说得远了。而且，西方人以为那动物表达的不是法律而是"幸福"的意思。不过，在此对比一下，兴许还是有意思的，毕竟，西方人也谈法律的公正平直，而且，不以动物来表达这里的公正平直。当然，另有一点我们大家也是应该知道的。这就是，美国费城一位雕塑家1962年铸造了一个"独角兽"的青铜像。这个青铜像，放在了美国宾夕法尼亚大学法学院。有人，在青铜像上，刻上文字，说这就是在古代中国的可以辨别罪恶与无辜的"独角兽"，还说，皋陶审案的时候，牵来的正是这个动物。[3]显然，这是告诉美国法学院的学生，在其他文化中，"独角兽"又有了法律上的公正平直的意思。

现在，我们回过头来再看它在中国的独特意义。在中国古文中，"法"字最初有个特别的写法，即在三点水的右边不是一个"去"字，而是一个"廌"字，在这个字底下才加个"去"字。而"廌"

1　见埃科：《他们寻找独角兽》，载乐黛云、勒·比雄主编：《独角兽与龙》，北京大学出版社1995年版，第2—3页。

2　乐黛云：《序言》，载乐黛云、勒·比雄主编：《独角兽与龙》，第1页。

3　见布迪、莫里斯：《中华帝国的法律》，朱勇译，梁治平校，江苏人民出版社1995年版，第459页。

那个字，指的就是"独角兽"那类动物。这般看来，"法"字本身，就和"独角兽"的隐喻有着密切联系。有时，古人说"法"，就会想到"独角兽"，说"独角兽"，就会想到"法"，接下来，讲到"法"，还会想到"独角兽"公正平直地断定是非的传说。

可以这么认为，"独角兽"见着不对的人或有罪的人，就会"公正地"用角去顶触。而"法"字和这个看法有个"联想"的关系。这，显然是话语环流的一个侧面。由此，在中国法律话语里，法律的一个意思，便在于公正平直。

七

刚才提到过，在某些人看来，"独角兽"头上的角，"似山牛一角"。这种看法和东汉一个叫许慎的文人有着密切联系。"似山牛一角"一说，就见于他写的《说文解字》。但是，从中国法律话语的角度来讲，《说文解字》里的另一段话更为重要：法律这东西，可谓"刑也，平之如水，从水"[1]。"平之如水"，当然是指"公平无私"的意思。"刑也"是什么意思？那是指"刑罚"的意思，大体而言，就是指今天法律的一种——刑法。这段话合起来解释，就是："法律是公平无私的刑罚。"

无巧不成书，在中国人记载的历史中，最早的几部用文字写下

---

1 许慎：《说文解字》，第202页。

的法律，差不多都带有"刑"字，或者基本内容都与"刑"有关。像春秋战那个时期郑国人搞出来的"刑书"、晋国人搞出来的"刑鼎"（将法律文字刻在鼎上），就带有"刑"字。而稍后的魏国人李愧，编纂出一部有名的成文法典，叫《法经》，里面分为六篇："一盗法、二贼法、三囚法、四捕法、五杂法、六具法。"[1]这六篇的内容，差不多都和"刑"有关。不然的话，就不会用"盗""贼""囚""捕"这几个字了。

如果说得更早一点，《左传》则记述了以"禹刑"来统称夏朝法律的故事。所以将夏朝的法律叫"禹刑"，是为了纪念"大禹治水"传说中的禹这个杰出祖先。但是，它的出现，毕竟是为了镇压和惩罚，这便有了"夏有乱政，而作禹刑"的讲法。[2]西汉有人说，夏朝的法律总数没多少，可刑罚至少不下三千条。[3]而东汉的郑玄，为《周礼》作注解时，更精细地讲，夏代的法律里面有死刑两百条，毁坏生殖器五百条，凿去膝盖骨三百条，割掉鼻子一千条，在犯人脸上或额上刺刻并涂墨一千条，加起来正好是三千条。[4]至于"禹刑"是否真有这般残酷，充满了刑罚，而且刑罚数目恰在三千左右，则不得而知了。但是，它基本上属于刑法那一类的法律，倒是无可置疑的。

---

1 见长孙无忌等：《唐律疏议》，蓝天出版社1998年版，第12页。

2 见《春秋左传正义》，第750页。

3 见长孙无忌等：《唐律疏义》，第12页。

4 见《周礼注疏》，郑玄注，贾公彦疏，上海古籍出版社1990年版，第538页。

　　将"法"的意思和"刑"的意思联系在一起，是古人法律观念的一个潜意识，正如美国汉学家费正清所说：中国古代，"很少甚至没有发展出民法保护公民；法律大部分是行政性和刑事的，是民众避之犹恐不及的东西"[1]；也像梁启超所说的那样："古代所谓法，殆与刑罚同一意义。"[2]梁启超解释说，古代社会里的政治，除了"祭祀斗争"，最重要的莫过于对簿公堂了，而那时，并没有什么所有权的制度，婚姻那类事情，也是随着习惯，所以，民事官司少得可怜，刑事官司，比比皆是，对于"法"也只有这样认识了。[3]有意思的是，作为民国初年著名学者的梁氏，最后，也不知不觉地接受了这个潜意识，神差鬼使地断言："对于破坏社会秩序者，用威力加以制裁，即法之所由起也。"[4]

　　在这里，要紧的是"法即刑、刑即法"的观念，大致成为中国传统法律话语的一个重要思路。虽然在后来的法律观念中，没人再去这么坚持这些字眼，可在各种各样的论说中，暗暗输出了这个意思。比如，许多人都讲，法律就是强制性的东西，它和道德不同，道德是"温良恭俭让"，而且凡事都以"苦口婆心"为能事，而法律就是板着面孔、拿着威吓，触犯了它只能是遭遇残酷的结果。有书讲："法律规范是有国家强制力保障的规范。这是法律规范区别

1　见高道蕴：《导言》，载高道蕴、高鸿君、贺卫方编：《美国学者论中国法律传统》，中国政法大学出版社1994年版，第2—3页。
2　梁启超：《先秦政治思想史》，东方出版社1996年版，第56页。
3　见梁启超：《先秦政治思想史》，第56—57页。
4　梁启超：《先秦政治思想史》，第57页。

于其他社会规范、技术规范的重大特点……一种规范如果没有国家强制力的保证，如果违反了这种规范可以不受国家法律的制裁，那么这种规范就不是法律规范。"[1]另有书类似地说："法是由国家强制力保证实施的，尽管不同性质的法，保障其实施的国家强制力的性质、目的和范围不同。任何法想要成其为法和继续是法，国家必须对违法行为实施制裁。"[2]

讲法律的强制性，是说法律的基本特点正在于暴力的恐吓，谁不服从，便会遭遇恶果。看上去，这里的意识，似乎和"刑"的观念有着千丝万缕的联系。

说回蓝鼎元审理的"兄弟争田"案。在这案里，虽讲案子本身是个争田的民事纠纷，可是蓝官人还是在头脑里想着：照过去的规矩，这类案子，应该对阿明阿定各打三十大板，然后，将田切开一半分给二人作数。这想法，意味着蓝官人已经将法律审判视作不折不扣的强制"工作"。换句话说，既然案子到了官府，官人就要威风凛凛，显示法律的强制威严。这，自然是"法即刑"的观念暗中操纵的结果。

谈到此处，我们可以看到中国法律话语的又一个叙事："刑"是"法"的一个缩影，而"法"则是"刑"的克隆（即无性繁殖）产品。

---

1 孙国华等：《法理学教程》，第50页。
2 沈宗灵等：《法理学》，第34页。

八

"法"的观念和"刑"的观念有一种密切的关系，这是中国法律话语的重要叙事。可在"兄弟争田"案里，读者会发觉，蓝官人最后还是以"和为贵"的方式解决了纠纷。他本可以用"刑"的观念来了断案子，但是，没有这样做。他说，阿明阿定因为七亩地的区区小事打官司，真是得不偿失，田产无论如何都不能和兄弟之情相比。言外之意，是说人活在世上，最重要的不是什么钱财，而是情义。蓝官人还婆心苦口，要兄弟两人好好想想自己的孩子因为财产而大闹一场，那么，他们会做何感想。后来，兄弟两人真是你谦我让，使案子结得圆满和谐。最终，蓝官人自己也是自鸣得意，相信这样才能叫百姓静心守法。另外，要注意，在断案的过程中，蓝官人又说了：做哥哥的应该让弟弟，而做弟弟的应该敬哥哥。这意思是讲，"上下关系"也要摆正才是。

为什么蓝官人会如此了断案子？为什么本可以快刀斩乱麻，他却偏要给自己找一堆"婆婆妈妈"的事来做？有人会讲，这是少见的"父母官"，为人负责。不过，这样看问题有点简单了。其实，这里涉及中国法律话语的一个独特叙事：法律应该寻求一种社会原有的和睦与秩序。

说起"和睦"，从远古那个时期，人们办案就对它情有独钟。《列子》里讲过一个"法官"（古代判案的人不叫法官，这里只是借用一下这词）办"鹿"案的故事，谈的正是这个问题。那故事说，春秋战国时期，郑国有个人，到野外去砍柴，砍着砍着，发现一只惊慌乱跑的鹿，经过三下两下的"收拾"，便把鹿打死了。可他得了一只鹿，又怕别人看见，于是，就将鹿藏在一个没水的池塘里，用芭蕉叶盖上。由于太激动太兴奋（恐怕是鹿挺难得到的缘故），没过多会儿，自己居然忘掉了将鹿藏在哪里。这一忘不要紧，搞得他认为打死鹿和藏鹿都是自己的一场梦，一边走，一边不断地念叨这事情。巧的是，旁边有人听到了。那旁人便循着他念叨的线索，把鹿扛走了。

　　第二个得鹿的人回到家，对自己老婆说："太妙了！今天遇到一个柴夫，他说梦见了一只鹿，却不晓得到底藏在哪里，好像是这里或那里的。我依照他说的意思，真找到了一只鹿。"但是，老婆是个精明人，说："你要分清楚，是你梦见柴夫打死了鹿，还是真有那柴夫在说梦话。现在的紧要之处，在于你真得了一只鹿，可那是不是你的梦变成了现实？要知道，如果是你梦见的，那么鹿是你的，如果真有个柴夫，鹿可就是柴夫的。打起官司，这是十分关键的事。"当丈夫的没有更多的鬼心眼儿，故而说："反正这鹿在我手里，谁在做梦又有什么紧要的？"

　　再说那柴夫，丢了鹿，当然心里很是不平衡，回到家里左思右想，认准自己没有做梦，的的确确打死了一只鹿。想完，他就睡觉了。岂料睡着睡着，柴夫真的做起了梦，梦见藏鹿的确切地方，而且梦见他认识的一个人——即将鹿扛回家的那个人——现在正将鹿放在那人自己家里。第二天，按照梦中线索，柴夫很快地到那人家里找到了鹿。于是，两人立即你争我夺起来。

这一争，便来到了"法官"面前。法官说："柴夫，你的确打死了一只鹿，可后来又是凭梦中线索找到了那人，怎能说明那人手里的鹿一定是你打死的鹿？至于你（即家里放着鹿的人），你老婆说你是梦见柴夫打死鹿的故而找到了鹿，可你自己却说可能是梦见的也可能是听见的，如此，怎能证明鹿一定是你的？我看算了吧，鹿，一人一半！大家低头不见抬头见，以后还需彼此照应，和和气气，比什么不强？"于是，鹿便被割开了。[1]

在今人看来，"鹿"案里的"法官"，与其说是"和睦"结案，不如说是"和稀泥"，哪能这般"模糊"断案？但是，古人却以为，法律审判的目的，并不在审判本身，而在审判之外。这之外，固然有个"公正平直"的追求，可也有个"和睦相处"的重要。而且，更需得到的正是"和睦"。其实，就在当下的某些国人看来，古人的想法，也不是一无是处。"理想的社会必定是人民无争的社会；争讼乃是绝对无益的事情；政府的职责以及法律的使命不是要协调纷争，而是要彻底地消灭纷争。"[2]

中国人讲"和睦"，不免要讲到社会的原有秩序。这弦外之音，是讲国家法律那东西，是人强加给社会的，而社会本身，自然而然就会形成一种特有的和谐规矩。比如，在家里，父母生养子女，兄

---

1 见《列子》，第588页。
2 梁治平：《寻求自然秩序中的和谐——中国传统法律文化研究》，中国政法大学出版社1997年版，第217页。

姐照顾弟妹，而待子女长大父母衰老，弟妹强壮兄姐力微，子女又要赡养父母，弟妹又要扶助兄姐，这之间便会逐渐形成一种自然的家庭规矩：父母兄姐要爱护子女弟妹，子女弟妹要尊敬父母兄姐。假如不是这样，家庭关系，乃至生存，恐怕是难以想象的。走出家门，就是亲戚家族了。在亲戚家族间，同样有个长幼之分、互敬互爱和彼此帮助的问题，否则，真是无法共同对付异族外邦。再往外走，就到了邻里乡里，而推而广之，就到了社会……总之，我们就看到了"家法家规""宗法族规""乡俗民约"等之类的规则规矩。

不过，谈到自然的和谐规矩，我们更容易想到这个词：礼。

"礼"，究竟是什么，我们按下不表，将其看作一类日常行为举止的社会规矩即可，像"见人要点头""请客要敬酒""走路要让人"之类的规矩，就是一些"礼"了。它是中国人自古以来的一个"专利"。有学者讲：

其实，礼与法都是行为规范，同为社会约束，其分别不在形式上，也不在强制力之大小。从形式上来看，成文与否并非决定的条件，法律不一定成文，礼亦可为成文。……礼亦未尝不可以法律制裁来维持、来推行，而无损其为礼。[1]

《管子》里也提到类似的想法，说"法者天下之仪也，所以决

1　瞿同祖：《中国法律与中国社会》，中华书局1981年版，第321页。

疑而明是非也"[1]，而"法出于礼"[2]。前句话里的"仪"字说的是仪表那类东西，而仪表，就是"礼"所要表现的一个方面。《荀子》也是大谈"礼"十分重要，也即"礼者法之大分"[3]。《荀子》的意思是说"礼"是法律的基本原则。

在这些想法之中，说白了，国家法律，根本离不开"礼"这样的社会规矩。

用人们现在熟悉的话来讲，在阿明阿定生活的社会圈子里，已经自然而然地形成了一些对人有益的社会规矩，它们是蓝官人手里的国家法的基础。国家法在制定的时候，不能不顾及"礼"那样的规矩，执行的时候，也是如此。有时，正应该以礼来"定亲疏、决嫌疑、别异同、明是非"[4]，甚至"分争辨讼，非礼不决"[5]。因为，"礼"到底是原有的社会秩序，它和原有的"和谐"，相辅相成；而这些恰是国家法律"生长"依赖的土壤条件。

国人看法律，有时像蓝官人那样，骨子眼里离不开"礼"这个概念，也离不开"和谐"的期待。所以，要是换了别人来审"兄弟争田"的案子，多半照样会提"阿明要让弟弟""阿定要敬哥哥"，以及"兄弟之情如何如何"之类的话。不论怎样，兄弟两人争田，就是破了家庭亲属的兄弟之"礼"，坏了邻里乡里的自然

---

1 《管子》，第163页。
2 《管子》，第45页。
3 荀况：《荀子》，第8页。
4 《礼记正义》，第15页。
5 《礼记正义》，第15页。

"和睦"。而"礼"那样的自然而然形成的秩序，加上"和睦"那样的自然情调，是社会不可忘掉的。

"追求和睦"的法律话语，源远流长。

九

说起原有的社会秩序，我们可能会大致接受这样一个看法：在国家法出现之前，阿明阿定那样的乡里民间依靠的是自然规矩，后来，国家法"出世"了，民间规矩似乎退却了。但是，实际上，即便是出现了国家法和蓝官人坐镇的衙门官府，阿明阿定，有时照样会依"习俗"办事。你看，在"兄弟争田"的案子里，出现过两个族人头领抛头露面，他们是陈德俊、陈朝义。这两人，就是"习俗"秩序的掌管符号。当蓝官人对兄弟两人说，回家和自己老婆谈妥之后再来官府，兄弟两人和姐娌谈完，则是首先去见陈德俊和陈朝义，最后，还把两"头人"也请到了蓝官人的衙门，仿佛两"头人"的作用，绝不亚于蓝官人。就算是案子最后了结了，蓝官人也特别注意两"头人"的"点头称是"。

这里，便接触了人们不易觉察的中国法律话语的又一叙事：小心对待乡里的秩序权威。

现代初学法律的学子，容易认为，官府衙门的国家法律可以并且应该"一统到底"，大凡国家的各个角落，均应要以它的法律"唯令是从"。可是，阿明阿定生活的那个中国社会，是个特大的社会，不论古代，还是今日，类似的乡村，又从来都是星罗棋布、无边无际。正如梁启超所说："中国国家，积乡而成。"[1]甚至像古人也说过的："乡与朝争治。"[2]在这样的乡村里，官府法律是否可以畅通无阻？是否可以横扫在城镇人——相对农村而言——看来纯属"陋习"的乡规民约？以及，是否可以叫蓝鼎元那样的国家官吏符号的作用，彻底顶替陈德俊和陈朝义那样的民间权威符号的作用？

有人说，可以；有人说，困难。

应该说，大致来看是比较困难的。而假如困难，就只好小心对待乡村的秩序权威了。

学者费孝通，写过一本书，叫《乡土中国》。在那书里，费孝通把"权力"类型一分为三："横暴权力""同意权力"和"教化权力"。他讲，"横暴权力"是指那种利用暴力进行自上而下的、不民主的、威吓性帝国式统治的力量；"同意权力"，是指那些依赖黎民百姓默认、契约、退让而形成的力量；[3]"教化权力"，则是指经由社会文化传统的潜流"暗中支配"而造成的有点像是"爸爸式"的力量。[4]显然，依着这三个概念，官府衙门的法律和蓝鼎元之类的官人，是比较容易和"横暴权力"联系在一起的，而"乡

---

1 梁启超：《先秦政治思想史》，第224页。

2 《管子》，第14页。

3 见费孝通：《乡土中国》第61页。

4 见费孝通：《乡土中国》，第65、68页。

规民约"和陈德俊与陈朝义之类的族人头领，倒是和后两种权力容易联系在一起。

费孝通提醒说，应该特别注意中国传统农业经济的"产出"能力，这能力，可不足以提供横暴式权力政治所需要的大量人力、物力的资源，所以，不奇怪，时常能看到某些封建帝王着迷"无为而治"以平天下，让阿明、阿定、陈德俊和陈朝义居住的乡土社会，去用自己的社区契约和教化搞个社会平衡，这就使我们中国社会的"长老统治"层出不穷。[1]德国学者韦伯（Max Weber），也早说过，中国长老掌管的村庙，"对小事有审判权……只有在事关国家利益时，政府才插手。受到民众信赖的正是这种公堂，而不是国家司法当局"。[2]

大致来说，陈德俊和陈朝义之类的民间权威，在阿明阿定的乡里，扮演着一个重要的管理角色，可以将其说成"里长，里之仁人。……乡长，乡之仁人"[3]。这是讲：

民间权威生长于地方"草根社会"，他们对这种社会的需求和政治反应十分敏感，并且他们的利益与"草根社会"一致，表述问题的方式无异，从而易于被接受为地方利益的代言人。在家族社区

1 见费孝通：《乡土中国》，第68页。
2 韦伯：《儒教与道教》，王容芬译，商务印书馆1995年版，第146页。
3 墨翟：《墨子》，第22页。

内部，他们几乎可以说是"公众意见"的传播媒介。[1]

更为有趣的是，二陈式的民间权威，还有一个中介作用。有时，在阿明阿定的乡村，蓝鼎元那样的官府权威恰恰需要通过二陈之类的"头领"来左右阿明阿定，因为，"头领"的作用发挥，更容易将他们的纠纷处理得圆满顺利，更容易让阿明阿定的乡里民间和谐太平、利益相融。"乡长之所是，必皆是之；乡长之所非，必皆非之。去若不善言，学乡长之善言；去若不善行，学乡长之善行……乡长惟能壹同乡之义，是以乡治也。"[2]这样，就可说"民间权威填补了正规的权威中心和社区中的家户之间的空间"[3]。

小心对待乡村的秩序权威，表达了一个深层的法律话语：蓝官人的官府法律和陈德俊陈朝义的秩序权威隐喻的乡规民约，彼此有着千丝万缕的互动关系，头一个，"借道"于后一个，而后一个，有时则仰仗头一个，于是，最好是将"法"这个字做出宽松的理解，视它为既包括了"国家法"，也包括了"民间法"。

这个深层的法律话语也还另有意蕴：中国的法律语境是独特的，人们使用"法"字也是多变的，"家法""宗法""族法""习惯法"，等等，无一不是时常出现在人们的言谈话语之

1　王铭铭：《村落视野中的家族、国家与社会——福建美法村的社区史》，载王铭铭、王斯福主编：《乡土社会的秩序、公正与权威》，中国政法大学出版社1997年版，第94页。

2　墨翟：《墨子》，第22页。

3　王铭铭：《村落视野中的家族、国家与社会——福建美法村的社区史》，第94页。

中，硬给"法律"一词定个内涵，说它只是国家法律的别名，似乎是种过时的本质主义；"法律"这词，像其他各个词一样，有个语境的问题，在不同地方，总会有个不同的意思，对它"宽宏大量"一些，便可使我们看到更多的"语词用法"，以及语词用法背后的观念企图，从而，更加丰富多彩地观察众多中国人心目中的"中国法律"的现实。

当然，"宽宏大量"，最终是因为，"国家法"和"民间法"毕竟总是糅合在一起的，尤其在中国的传统社会，可发现"政府和民间有一个共识，即'国有定法，家有定法'，而且对于家族本身而言，家的定法是人们首先必须诉诸的，在家法之后才有国法。在民间推行宗法制度的行为，当然是政府控制社会的手段"。[1] 也正像今天有学者所说的：

……在中国古代社会，国家法不但不是全部社会秩序的基础，甚至也不包括当时和后来其他一些社会的法律中最重要的部分。当然这并不意味着某种"秩序真空"的存在。社会不能够容忍无序或至少不能容忍长期的无序，结果是，在国家法所不及和不足的地方，生长出另一种秩序，另一种法律。这里可以先概括地称之为"民间法"。[2]

1　王铭铭：《村落视野中的家族、国家与社会——福建美法村的社区史》，第100页。
2　梁治平：《清代习惯法：社会与国家》，中国政法大学出版社1996年版，第31—32页。

同时，在"国家法"的旁边，有着蓝鼎元那类官人，在"民间法"的旁边，倒有陈德俊和陈朝义之类的族人头领；这官人和族人头领，都是秩序权威的一些符号。从这里接下来的意思，是说：不仅要从蓝官人的身上去看"法"，而且要从二陈的身上和背后去看"法"。无论怎样，他们终究表现了不同的、但息息相关的法律权威。

十

从陈德俊和陈朝义那类乡村的秩序权威去看"法"，已经和今天大多数法学家思考"法"的方式，大有出入。但是，这话语姿态，肯定是有意义的。对待中国的法律文化，如果只注意蓝鼎元的官府衙门，而对二陈的乡间头领视而不见，也许就会一叶障目、不见泰山，甚至根本不得要领。中国的乡里民间的地域，太广阔了，其法律文化，因而也太独特了。

不过，虽说要从官府和民间头人两个权威的角度去看法律，然而，那两类权威背后的法律秩序总还有个共同之处：都在显露"规矩方圆"。像阿明阿定来到蓝鼎元的官府，拿出证据声言七亩地是属于自己的，这就表明，兄弟两人知道官府里有个标准：想要主张什么，就要证明什么。这标准自然是规矩方圆。而兄弟两家找了陈德俊和陈朝义两头领，并拉两头领一起来到官府，接着蓝鼎元说到兄弟之情如何重要、乡里和谐如何紧要，这也表明两头领和兄弟两家也面对了一个标准：义重利轻。这标准，同样是规矩方圆。

这样，我们便要看到中国法律话语的又一个叙事，即法律是人们说什么、做什么的规矩方圆。

一提规矩方圆，我们不免会想到一些语词："秤""规尺""标线""墨绳"，等等。这些都是描述日常生活里打工做事所用的"标准"的语汇。不错，想要知道房子墙面坏档是否平整，就要用标线量一下、测一回；想要知道一担米是否足斤足两，就要用秤来称一下、约一回；想要知道木头锯得是否方正，就要用墨绳来比一下、划一回；而想要知道自家种的树木，是否已经成材，就要用规尺估一下，算一回……

中国人讲法学理论，时常喜用这些语汇。

《墨子》说："百工为方以矩，为圆以规，直以绳，……故百工从事，皆有法所度。"[1]《孟子》说："不以规矩，不能成方圆。"[2]而《慎子》讲，大禹是非常聪明的，但是，如果把秤砣扔掉，他照样不能辨别一钱一两的重量。反过来，如果有了天平，一丝一毫那样的差错也不会出现，别说大禹的智慧，就是一般人的水平也能辨别清晰。所以，拿出秤和天平，在轻重上就不会受人欺骗；挥舞规尺标线，在长短上就不会有所偏差；立下法令制度，在欺诈作伪上恶人就无法施展伎俩。于是，凡事，断于法律这一规

---

1 墨翟：《墨子》，第8—9页。
2 《孟子注疏》，赵岐注，孙奭疏，上海古籍出版社1990年版，第124页。

矩，肯定是正确的。[1]

和这类讲法相似，《管子》也以为规矩那些"标准"是用来矫正事物的方与圆的。它讲，人灵巧，可有时就是比不上粗笨的规矩有用，因此，"虽有巧目利手，不如拙规矩之正方圆也。故巧者能生规矩，不能废规矩而正方圆。虽圣人能生法，不能废法而治国。故虽有明智高行，背法而治，是废规矩而正方圆也"[2]。结论就是："法律政令者，吏民规矩绳墨也。"[3]

《商君书》，还进一步说明，为什么法律可以比作那些"规矩标准"：它们看得见、摸得着。《商君书》说，只要是有所作为的国王君主，都会设置"秤"和"尺"，到了战国时期，同样如此。为什么，因为它们太标准明确了。如果舍弃秤来判断轻重，丢掉尺来猜测长短，就算估计得"丝丝入扣"，那些生意人，也不会这样做的，毕竟，那样判断猜测并非一定可靠。所以，"法者，国之权衡也"。[4]后来到了唐朝时期，性格刚直的魏征也跟着说，凭着自我感觉，甚至喜怒哀乐，来判断是非，就是"舍准绳以正曲直，弃权衡而定轻重"。[5]当然，这里的"权衡"，不是"思虑比较""瞻前顾后"的意思，而是指"尺度""秤"一类的东西。

有人兴许会问：为什么用来描绘法律的"秤""规尺""标

---

1 见慎到：《慎子》，第927页。

2 《管子》，第59页。

3 《管子》，第161页。

4 商鞅、鬼谷子：《商君书·鬼谷子》，第31页。

5 见吴兢编著：《贞观政要》，岳麓书社2000年版，第184页。

线""墨绳"这些词汇，总是出自于做小生意的商人、一般建屋造房的工匠和帮人打制家具的木匠等平民百姓的日常用语之中，而他们，又是社会地位绝对不高的辛苦一族？

这是一个有趣的枝节问题。

我尝试着来解释一下这个问题。首先，应该注意，那些词汇，大致来说表达了"标准""尺度"这样一些意思，无论用在哪里，"标准""尺度"都有个一致性，不会因时因地因人而有所变化。一杆秤，用在春秋战国年月表示一个重量，用在五代十国也是表示同样的重量，用在秤柴米上是一个结果，用在秤油盐上也是同样的结果，让男的来称是一个秤法，让女的来称也是同样的秤法。显然，不会因为时过境迁、柴米油盐的不同，或者男女有别，而出现异样的结果。像绳墨、标尺等，无一例外。这便是"标准""尺度"的独特"硬性"和"不可商量性"，暗藏其中。

接下来，要注意辛苦一族的实际生活。如果是做生意，没个"一准"的秤，凡秤说变就变，那么生意人就会担惊受怕、不知所措。生意的往来，以至生活的基础，便会大受影响。建屋造房用的标尺、伐树锯木用的绳墨，在这些方面，也是如此。所以，地位不高的辛苦一族以及其他平民百姓，特别依赖这些"标准"和"尺度"而过活。即便是像古代中国这样的传统农业社会，照样离不了"标准"和"尺度"。农民，需要交换、建房、划地和裁木，而在交换的时候便是一个准生意人，在建房的时候，便是一个准工匠，而在划地裁木的时候，便像一个使用墨绳的木匠……

显然，所有这些下层黎民是社会稳定的基础。《淮南子》以为，用秤来称东西，自然不会因人有私心而改变了称量的结果，所以，那是公平的标准；而用墨绳来比划东西，同样不会因人有私心而"搅乱"了曲直的结果，所以，那是正直的准则。社会依此便不会失去民心。[1] 这就随了《韩非子》的说法："……悬衡而知平，设规而知圆，万全之道也"[2]；也随了《孟子》的说法："民为贵，社稷次之，君为轻。"[3]

另一方面，也许就像一位外国汉学家所讲的，在中国，"许多用标准度量词语描述法律的隐喻，诸如标线或秤杆等，都反映了工匠和商人的语言，而这些人在正统……等级中地位较低，但作为商人，在整个帝国各时期都具有重要的真实权力"[4]。

如此说来，用那些来自辛苦一族的"秤""规尺""标线"和"墨绳"一类的词汇去描绘法律，可能正在于想到要让社会上下都有个"标准"和"尺度"，让人们的行为规范，有个不可灵变的一致性，从而叫社会踏实稳定、方寸不乱；也叫商人这个实力阶层，无法挑刺。其实，《慎子》《管子》和《商君书》那些古书，不厌其烦地使用这些语汇，正想深一层地说明法律的普遍性和法律面前人人平等——当然君王除外——的意思，并以此说明社会如何依赖

1 见刘安等编著：《淮南子》，第88—91页。
2 韩非：《韩非子》，第46页。
3 《孟子注疏》，第252页。
4 高道蕴：《中国早期的法治思想》，载高道蕴、高鸿君、贺卫方编：《美国学者论中国法律传统》，中国政法大学出版社1994年版，第252页。

这一点。"圣人之为国……一刑……"，而"所谓一刑者，刑无等级，自卿相、将军以至大夫、庶人，有不从王令、犯国禁、乱上制者，罪死不赦"。[1]

这种解释，兴许不会太过附会牵强。如果这样，我们便会发觉，法律观念实际又和利益、需求、权力等联系在一起。

现在，再说"规矩方圆"在国家法之外的民间法或"礼"那样的规则之中的意义。

古籍《礼记》讲，"礼"对于治理国家，可是再重要不过了，犹如"衡之于轻重也，绳墨之于曲直也，规矩之于方圆也"[2]。而如果把秤悬挂起来，轻重就一望可知，把墨线拉扯起来，曲直就一目了然，把圆规尺子竖立起来，方圆就毫不模糊，所以，自然所有世事都要"隆礼，由礼"[3]。《荀子》也有类似的见解，说国家没有了"礼"，就会全部乱了起来，"礼"是用来治理国家的，这就像"衡之于轻重也，犹绳墨之于曲直也，犹规矩之于方圆也"[4]。至于"衡"，也就是我们现在说的"秤"。

一说"礼"这类原有的社会规矩，对其略知一二的人都会讲，那可是不讲平等的一个有关人际关系的规范，既然是这样，即使"秤""标尺"那些词来自打工的辛苦一族，也不意味着使用它们

---

1 商鞅、鬼谷子：《商君书·鬼谷子》，第35页。

2 《礼记正义》，第844页。

3 《礼记正义》，第844页。

4 荀况：《荀子》，第64页。

的古书，必定在鼓吹法律的平等性，起码《礼记》和《荀子》就不这样。

的确如此。不过，那些词，到底还是和生意人、工匠和木匠之类的一班人有着联系。这些人之中，也有师徒或者师兄、师弟、师姐和师妹的关系。在这些关系中，无论怎样都有个上下尊卑、先后有别的"礼"的规矩。只是这里强调的不是上下平等的"标准"和"尺度"，而是左右平等以及上下尊卑、先后有别的"标准"和"尺度"。所以，《礼记》和《荀子》用那些词，依然是想说明：像"礼"之类的规则还是有个普遍性的问题，尽管不平等。

说到这里，我们可以回到主题上，概括一下中国法律话语的这个叙事：法律是一种标准或尺度，至少具有一种普遍性，不论是正规的国家法，还是自然形成的民间法或习惯法，都有这类特性。法律是一种规矩方圆。

十一

蓝鼎元描述的"兄弟争田"一案的审理过程，是个很有意思的"社会文本"，寓意丰富。在前面，笔者试图用一种类似法律社会学外加亚文学的轻松方式，来解读其中显现的中国法律话语若干叙事。其实，在中国的正史典籍、野史传说、文学作品、学人论著等"文字文本"里，相似的"社会文本"，时常可见。就算是在今天，情况也依然如此。从中，我们都能发现相似或者更多更有意思的话语叙事。如果我们认为法律话语和法的实践总是互为影响、互为参照的，那么，通过法律话语来理解"兄弟争田"案里的法社会过程，是重要的，而反过来通过后者去理解前者，也是重要的。

蓝鼎元是个官人，阿明阿定既是小民又是案子里的当事人，陈德俊和陈朝义则是族人头领，他们是不同的社会角色。当然，我们还看到了阿明阿定的老婆、没有正式"出场"的证人……这些人，也是不同的社会角色。在这些角色构成的社会里，当发生了纠纷，自然就需要某种东西来解决纠纷，而解决的过程本身，有时又是复杂的。复杂表明，参与其中的不同社会角色有时显露了不同的法律观念，甚至在同一角色身上，都能看到不同的法律观念。这些观念，都是暗中操纵社会角色的"隐身"话语。

像蓝官人，大致认为应该在阿明阿定之间好好调解一番。他相信，民间的和和气气式的小日子氛围，要比确定田产到底归谁所有的硬判决，来得更为重要。无论如何，阿明阿定是亲兄弟，在范围有限、人口不多、乡民流动几乎为零的邻里农村，两人终归要继续生活在一起，总要低头不见抬头见，如此，为什么不应"和平地"解决纠纷？就算看上去，这有"和稀泥"之嫌。相反，如果确定田产归其中一人所有，而最终导致日后两人永远嫉恨以至兄弟两家世代怨仇，那岂不属于"得不偿失"？但是，蓝官人还知道衙门官府里的硬规矩：两人各打三十大板，然后田产对半分。他晓得，这是国家的法律规则。

像阿明阿定两人，开始非要争个证据上的"我强你弱"，他们知道，官府断案，是以证据的证明为规矩的，这是国家法律。可是，经过蓝官人的婆心苦口，兄弟两人最后倒认为真正的规矩不是证据上的谁强谁弱，而是邻里乡间的和睦相处，仿佛国家法的证据规矩远不如民间习俗的"和谐"规矩来得重要。蓝官人的"调教"，不仅使兄弟两人改变了对田产的争夺态度，而且，使其改变了法律观念。

而陈德俊和陈朝义二位族人头领，对蓝官人的成功调解也是点头称是，但是，可以看出，他们，并不否认蓝官人代表了官府衙门的正式法律权威。

……

在前面，从"兄弟争田"一案中，我们还提到了"大公无私""定分止争""赏与罚""公正平直"等法律话语的叙事。实际上，这些法律话语的叙事，放在我们通常认为的理论学说之中，恰好是中国法律思想的思绪起点。从这些思绪起点出发，就可以"人为地"建立编织思路繁多、观念复杂的法学论说。

另一方面，也应注意，这些法律话语的叙事，显示了社会角色在法律实践中对法律价值的不同追求。可以发现，面对"兄弟争田"，假如认为"书本里的官府法"是地道的唯一的法律根据，就会倾向于赞同国家大一统的帝国式的统治方式，毕竟，这种"官府法"，是自上而下的、一统到底的；假如认为"大公无私"是首要的法律本色，就会琢磨如何张扬社会的或一个阶层的"大"利益，而漠视小群体或个人的"小"利益；假如认为"定分止争"是法律的根本所在，就会喜欢"画地为牢式"的蛋糕切分，把个人的所有所得，尽量说清道明；假如认为"赏罚"是法律的独特功能，就会居高临下地"鸟瞰"地位低下的官吏和百姓，将其当作实现立法者目的的单纯手段和工具；假如认为"公正平直"是法律的最终目的，就会坚持在所有人面前"一杯水端平"，不得有歧视或特权；而假如认为，邻里乡间的民间规矩也是一种"法"，就会相信国家法和民间法都是重要的，有时就会坚持国家挥舞"官府法"压抑民间法是不会有效果的，也是没有益处的……

因此，那些法律话语的叙事，自然又会走向不同的实践目的。实际上，在蓝鼎元的"兄弟争田"的案子里，在那些不同社会角色的背后，我们的确发现了多种试图左右案子判决的法律话语。这些话语，暗中都想让案子的解决顺从自己暗含的价值选择，而它们，无形中，又是默默地不自觉地融汇了出字成文的法学论说。借用法国学者福柯的话来说，这是"权力话语"的功能。

其实，中国法律话语，是在实践之中孕育的，是在类似"兄弟争田"那样的纠纷之中以及其他法律现实中烘炼的，正是从那类案子的"活动"之中，吸取养分、精雕细凿；反过来，它又想在实践中一显身手，渗入社会，并不知不觉地在各类社会角色的头脑中，砌筑法律思想的"意识形态"。其中的各种叙事，最终都想在由蓝鼎元、阿明、阿定、郭氏、林氏、陈德俊和陈朝义等社会角色构成的法律争议的语境中，树立自己，压抑他者；或者反之，彼此同谋。

　　中国法律话语，也是在社会意识形态的多种意念环流中熔铸的。正如笔者在"兄弟争田"中分析的那样，它们，在实践的背景中，理解、分析、干预、主张，并与实践中的诸如政治、道德之类的话语意念，相贯相通，从而，帮助社会角色实现自己的利益、愿望和意志。这是更为根本的。